A filosofia

A filosofia
André Comte-Sponville

Tradução
JOANA ANGÉLICA D'AVILA MELO

Esta obra foi publica da originalmente em francês com o título
LA PHILOSOPHIE por Presses Universitaires de France, Paris.
Copyright © Presses Universitaires de France.
Copyright © 2005, Livraria Martins Fontes Editora Ltda.,
Copyright © 2022, Editora WMF Martins Fontes Ltda.,
São Paulo, para a presente edição.

1ª edição 2005
2ª edição 2023

Tradução
JOANA ANGÉLICA D'AVILA MELO

Acompanhamento editorial
Luzia Aparecida dos Santos
Revisões
Ivani Aparecida Martins Cazarim
Helena Guimarães Bittencourt
Dinarte Zorzanelli da Silva
Produção gráfica
Geraldo Alves
Paginação
Moacir Katsumi Matsusaki
Capa
Katia Harumi Terasaka Aniya

Dados Internacionais de Catalogação na Publicação (CIP)
(Câmara Brasileira do Livro, SP, Brasil)

Comte-Sponville, André
A filosofia / André Comte-Sponville ;
tradução Joana Angélica D'Avila Melo. – 2. ed. –
São Paulo : Editora WMF Martins Fontes, 2022.

Título original: La philosophie.
ISBN 978-85-469-0359-7

1. Filosofia I. Título. II. Série.

22-101422   CDD-100

Índices para catálogo sistemático:
1. Filosofia 100

Eliete Marques da Silva - Bibliotecária - CRB-8/9380

Todos os direitos desta edição reservados à
Editora WMF Martins Fontes Ltda.
Rua Prof. Laerte Ramos de Carvalho, 133 01325-030 São Paulo SP Brasil
Tel. (11) 3293-8150 e-mail: info@wmfmartinsfontes.com.br
http://www.wmfmartinsfontes.com.br

Índice

Introdução – O que é a filosofia? 7

Uma prática discursiva, razoável e abstrata 9

Generalidades e conceitos 13

Uma "prática teórica" não científica 16

Uma definição da filosofia 19

Capítulo I – A filosofia e sua história 25

1. História da filosofia e história das ciências 26

2. A filosofia da Antiguidade 32

3. A filosofia medieval 44

4. A filosofia moderna 48

5. A filosofia contemporânea 64

Capítulo II – Domínios e correntes 73

1. Grandeza e limites da metafísica 74

2. Filosofia do conhecimento ("O que eu posso saber?") 82

3. Filosofia ética e moral 88

4. Filosofia política 97

5. Filosofia da arte 106

6. Filosofia e ciências humanas ("O que é o homem?") 110

Conclusão – Filosofia e sabedoria 117

Bibliografia 123

Introdução

O que é a filosofia?

O que é a filosofia? A pergunta é já filosófica, ou em todo caso pode sê-lo (nenhuma pergunta é filosófica em si mesma: só o é dentro de uma certa problemática, que lhe dá seu sentido e seu alcance), o que explica a existência de tantas respostas diferentes, ou quase, quantas são as diferentes filosofias. Porém, como este livro se insere numa coleção enciclopédica*, seria desejável uma resposta ecumênica, ainda que didática, que pudesse esclarecer o grande público sem desagradar demasiadamente aos especialistas. Mas qual? A etimologia não é suficiente. Ninguém ignora que *philosophia*, em grego, significa o amor ou a busca da sabedoria. Mas o que é a sabedoria? E o que prova uma etimologia?

Melhor raciocinarmos de maneira aristotélica: procuremos o "gênero próximo" e a "diferença específica". Em que categoria mais geral pode-se encaixar a filosofia? Uma atividade? Uma prática? Uma disciplina? Sem dúvida, mas isso é encarar o problema muito de longe. Um saber? Resposta

---

* Original francês publicado na coleção "Que sais-je?", da PUF – Presses Universitaires de France. Coleção composta de pequenos fascículos com textos introdutórios a diversas áreas do conhecimento e da cultura popular.

A FILOSOFIA

tradicional e obsoleta. Até o século XVIII, os termos "filosofia" ou "sabedoria" podiam designar o conjunto do saber racional, tanto em grego antigo (por exemplo, em Aristóteles[1]) quanto nas línguas modernas (por exemplo, em Descartes). É isso que justifica a famosa metáfora dos *Princípios*: "Assim, toda a filosofia é como uma árvore, cujas raízes são a metafísica, o tronco é a física, e os ramos que saem desse tronco são todas as outras ciências, que se reduzem a três principais, a saber, a medicina, a mecânica e a moral."[2] Essa acepção não é a nossa: ela não corresponde nem ao uso universitário (nossas faculdades de filosofia estão muito longe de ensinar todas as ciências) nem à prática efetiva daqueles a quem hoje chamamos filósofos ou – no caso daqueles, como Descartes ou Leibniz, que também fizeram obra de ciência – ao conteúdo propriamente filosófico, aos nossos olhos, da obra deles. Nem todo saber, mesmo racional, é filosófico; e é duvidoso, voltarei a isso, que a filosofia seja um saber, ainda que particular. De resto, o famoso exemplo de Sócrates (que não é o primeiro filósofo, mas que nenhuma definição plausível da filosofia pode excluir de seu campo) seria suficiente para rejeitar essa definição epistêmica: ele não sabia mais que os outros, exceto por aquele "saber" inteiramente negativo de quem sabe que não sabe[3].

O mesmo exemplo impede de partir dos livros para definir a filosofia: Sócrates não escreveu nenhum. A filosofia é uma *práxis*, no sentido aristotélico do termo, mais que uma *poíesis*, uma atividade mais que uma criação, uma

---

1. Ver, por exemplo, *Metafísica*, A, 1 e 2.
2. Descartes, *Princípios da filosofia*, Carta-prefácio.
3. Platão, *Apologia de Sócrates*, 21 *b* – 23 *c*.

prática mais que uma obra. Para ser o que é, ela não precisa de um fim externo; basta-se a si mesma, e só produz outra coisa, quando isso acontece, por acréscimo.

UMA PRÁTICA DISCURSIVA, RAZOÁVEL E ABSTRATA

Sócrates, "o mestre dos mestres"[4], não se valia de nenhum saber positivo que lhe fosse próprio, e não escreveu nenhum livro: não era nem um douto nem um escritor. Mas falava, mas raciocinava, e esse discurso razoável ou essa razão discursiva (esse *lógos*: o mesmo termo, em grego, designa a linguagem e a razão) oferece, para nossa definição, um ponto de partida pelo menos aceitável. Um sábio pode abster-se de palavras, de conceitos, de raciocínios. Um filósofo, considerado nessa qualidade, não. Um pensamento pode ser mudo (existe uma inteligência animal, que é mensurável, assim como existe, nos recém-nascidos, uma inteligência sensório-motora). Uma filosofia não. Foi por isso que a linguagem pôde surgir (se não existisse pensamento sem linguagem, jamais teria existido linguagem). Foi por isso que a filosofia pôde surgir – como pensamento linguageiro, como palavra pensante, como *lógos* em ato. Filosofia se faz "por discursos e raciocínios", constatava Epicuro[5], e eu não conheço nenhum filósofo que constitua exceção. Falou-se, a respeito dos cínicos, de

---

4. Como dirá Montaigne: *Essais*, III, 13, p. 1076 da ed. Villey-Saulnier (PUF). [Trad. bras. *Os ensaios*, III, São Paulo, Martins Fontes, 2001.]

5. Citado por Sexto Empírico, *Adv. Math.*, XI, 169, 219 Us. (Epicuro, *Lettres et maximes*, ed. Marcel Conche, PUF, 1987, p. 41).

A FILOSOFIA

"filosofia sem palavras"[6]. A frase, por mais esclarecedora que seja, não pode ser tomada ao pé da letra: mesmo as provocações silenciosas de um Diógenes concernem apenas à filosofia pelo discurso que as acompanha (a começar pelo do próprio Diógenes) ou que elas supõem (por exemplo, os discursos de Antístenes ou de Sócrates). Não basta masturbar-se em praça pública para ser filósofo. É preciso ainda que isso faça sentido, e não como sintoma mas como argumento ou como objeção, o que só é possível mediante alguma doutrina ou raciocínio que a pessoa ilustra, mesmo tacitamente, e que ela pode explicitar, pelo menos em tese. Nem todos os filósofos escreveram. Mas todos falaram, mas todos raciocinaram; de outro modo, não seriam filósofos.

Tal é o *gênero*, ponto ainda próximo, do qual partirei: a filosofia é uma prática discursiva e razoável (de preferência a "racional", coisa que um delírio também é, a seu modo). Sob esse ponto de vista, ela se insere no mesmo conjunto que a matemática, a biologia, o jornalismo (quando ele é razoável) ou uma investigação policial (quando é discursiva). Falta encontrar a ou as diferenças específicas que virão caracterizar a filosofia no campo mais geral da razão discursiva. A filosofia é uma espécie de discurso razoável. Mas qual? Como especificar a filosofia? Pela busca da verdade? É uma dimensão necessária, não suficiente, já que se pode buscar a verdade sem fazer filosofia (é o caso, mais freqüentemente, dos cientistas, dos jornalistas, dos comissários de polícia). Pela busca da verdade *sobre o Todo*? Seria reduzir a filosofia à metafísica, que é apenas uma de

---

6. H. Politis, "Pour un matérialisme carnavalesque", *Critique*, n.º 358, março de 1977, p. 227.

suas partes, e excluir do seu campo, muito injustamente, um Maquiavel ou um Bachelard. Pela abstração? Sim, em parte. Filosofia se faz com palavras, mas com palavras que mais freqüentemente designam idéias gerais, noções, conceitos. Faz-se com raciocínios, mas que tendem a uma verdade necessária ou universal, e não ao estabelecimento de um fato contingente ou de uma verdade singular.

Isso distingue a filosofia tanto da história quanto da literatura. A poesia, dizia Aristóteles, é "mais filosófica" – porque mais geral – do que a história. Ela diz não o verdadeiro mas o verossímil, não o que aconteceu mas o que pode (ou poderia, ou teria podido) acontecer, não o real mas o possível ou o necessário[7]. Sob esse ponto de vista, a filosofia é como uma poesia ao quadrado ("poesia sofisticada", dirá Montaigne[8]), que atinge o real apenas pelo possível ou pelo necessário, o concreto apenas pelo abstrato, o particular apenas pelo universal. Os poetas, parece-me, fazem antes o contrário. Isso não impede que um mesmo indivíduo possa ser um e outro – veja-se Lucrécio, veja-se "a postura poética" de Platão ou de Montaigne[9] –, mas essa feliz e rara conjunção não basta para abolir a diferença essencial entre poesia e filosofia. Os *Ensaios* de Montaigne, por mais deliciosamente singulares que sejam várias das proposições que eles comportam, só são filosóficos – e seguramente o são – pelas concepções ou interrogações gerais que expõem. "É a mim que eu pinto", prevenia seu autor. Mas, como todo homem traz em si "a forma inteira

---

7. *Poética*, 9, 1451 *a* 36 – *b* 10.

8. *Essais*, II, 12, p. 537. [Trad. bras. *Os ensaios*, II, São Paulo, Martins Fontes, 2000.] Ver também *ibid.*, p. 556, e III, 9, p. 995.

9. *Ibid.*, III, 9, p. 994 (em que Montaigne faz referência a Platão).

A FILOSOFIA

da humana condição", não é somente sobre ele que Montaigne nos faz pensar (isso seria apenas literatura), mas sim, e com intenção deliberada, sobre a humanidade em geral, sobre a vida, sobre a morte, sobre a política, sobre a razão, sobre a amizade, sobre a felicidade, sobre o ser, sobre o tempo etc., em suma, sobre aquilo a que se pode chamar filosofia de Montaigne, que não é a de Platão ou de Hegel, longe disso, mas que é *filosofia* também e – tal é em todo caso a definição que procuro – no mesmo sentido da palavra. Aliás, Montaigne consta a esse título do programa das últimas classes terminais*, assim como na quase totalidade de nossas histórias da filosofia e de outros "Dicionários dos filósofos". É justo: embora desconfie dos sistemas, ele não se proíbe nem a abstração nem o raciocínio, no qual é exímio, e não desdenha elaborar – por exemplo, sobre o conhecimento ou a virtude – algumas teorias, pelo menos provisórias. Não há sabedoria a não ser singular, observa ele ("Embora possamos ser doutos no saber de outrem, sábios, de todo modo, nós só podemos ser em nossa própria sabedoria"). Mas essa é uma afirmação geral, que a esse título se inclui no âmbito da filosofia, e não no da sabedoria. Mesma coisa – não posso me demorar nisso – quanto à natureza ou ao tempo. Por esse motivo é que Montaigne é filósofo, e não simplesmente, o que já bastaria para sua glória, um dos nossos maiores escritores.

O mesmo ocorre, e *a fortiori*, em relação a Platão ou Kant, Aristóteles ou Hegel, Hume ou Nietzsche, Bergson ou Popper. A abstração, mesmo para encontrar o concreto, é o caminho obrigatório deles. Isso nos permite precisar

---

* Equivalente ao ensino médio no Brasil.

O QUE É A FILOSOFIA?

nossa definição: prática razoável e discursiva, a filosofia é também uma prática *teórica*, isto é, indissoluvelmente abstrata, quanto aos seus objetos, e geral, se não universal, quanto aos seus resultados. Isso elimina de nosso campo de definição – era mister, evidentemente – tanto o jornalismo quanto a investigação policial, ainda que fossem razoáveis, como é desejável, um e outro. Não, é claro, que um jornalista ou um comissário de polícia não possam elaborar teorias gerais, por exemplo sobre a informação ou a criminalidade. Mas isso, quando o fazem, já não tem a ver com seu ofício. Isso tem a ver com a filosofia, pelo menos se eles procederem de modo abstrato e rigoroso: terão dado a si mesmos aquilo a que poderíamos chamar uma filosofia da informação, uma filosofia do crime, das quais, na verdade, não se vê muito como eles poderiam se abster (por conseguinte, é desejável que existam cursos de filosofia em nossas escolas de jornalismo, assim como existem há muito tempo em nossas faculdades de direito), mas que também podem interessar, na medida de sua universalidade, a todo ser razoável dotado de uma cultura filosófica ainda que mínima. A filosofia não pertence a ninguém. Todos têm direito a ela, já que todos necessitam dela; mas só na medida da razão e da abstração de que são capazes.

GENERALIDADES E CONCEITOS

Isso dá razão a Auguste Comte, para quem o filósofo deve ser "o especialista em generalidades"[10]. Temível defi-

---

10. Ver, por exemplo, o *Cours de philosophie positive*, Première leçon, Hermann, 1975, pp. 30-2.

A FILOSOFIA

nição, que poderia se tornar rapidamente pejorativa (o termo "generalidade", sobretudo no plural, com freqüência o é), mas que não deixa de ter alguma verdade inquietante e estimulante. Em filosofia, só se escapa às generalidades, no sentido pejorativo do termo (à má abstração, ao vago, ao impreciso), pelo talento ou pelo gênio, que fazem de uma idéia geral (à força de inteligência, de rigor, de criatividade) uma obra ao mesmo tempo singular e universal – já não uma idéia geral mas um conceito.

Pode-se então, como a isso nos convidam Deleuze e Guattari, definir a filosofia pela criação de conceitos[11]? No sentido comum desta última palavra, seguramente não: porque é possível filosofar sem criar conceitos (é o que fazem com mais freqüência os nossos estudantes, em suas dissertações, e a maioria dos filósofos, mesmo geniais, na maior parte de seus estudos), e porque é possível criar conceitos sem filosofar – é o que fazem nossos cientistas mais criativos, que raramente são filósofos, e nossos teóricos, que nem sempre o são. Não vejo como se poderia negar que Darwin, Cantor, Durkheim, Freud ou Einstein tenham criado conceitos – a não ser que se desse ao termo "conceito" o sentido de "conceito filosófico", o que, no entanto, nos fecharia dentro de um círculo. Seriam eles filósofos por essa razão? Eles mesmos se resguardavam disso,

---

11. G. Deleuze e F. Guattari, *Qu'est-ce que la philosophie?*, Éditions de Minuit, 1991. À pergunta do título, os autores respondem que a filosofia é a atividade ou a disciplina que "cria conceitos". Isso só vale como definição se admitirmos que as ciências não os criam (elas criariam apenas funções, "functivos" ou proposições: ver o cap. V), o que supõe dar-se ao termo "conceito" um sentido muito particular, cuja determinação precisa e, *a fortiori*, cuja discussão ultrapassariam de muito longe as dimensões de um "Que sais-je?". Para outro enfoque da relação filosofia-ciências, que me parece mais esclarecedor, ver L. Althusser, *Philosophie et philosophie spontanée des savants*, Maspero, 1974.

O QUE É A FILOSOFIA?

e, se ainda assim lhes ocorre filosofar, é na maioria das vezes sem criar para tal fim o mínimo conceito (limitam-se então a refletir, com conceitos criados por outros, sobre as conseqüências eventualmente filosóficas dos conceitos científicos que, ademais, criaram: veja-se por exemplo Einstein, sobre a natureza, ou Freud, sobre a religião). Quanto aos filósofos autênticos, não se pode nem reduzir nem medir sua obra pelos poucos conceitos que eles efetivamente criaram. Foi o que Pascal, pela única vez defendendo Descartes, viu com clareza. Criticava-se o autor do *Discurso sobre o método* por não ter inventado o *cogito*: a idéia já se encontrava em Santo Agostinho, a quem ele teria plagiado. Acusação equivocada, objeta Pascal: o importante não é saber se Descartes inventou o *cogito* ou se o teria "apenas aprendido na leitura desse grande santo"; o importante é o uso que faz dele, encontrando ali "o princípio firme e consistente de uma física inteira", do qual deduz "uma série admirável de conseqüências"[12]. Evidentemente, criar conceitos é uma parte do trabalho filosófico, mas nunca a única e nem sempre a principal. Pascal está bem situado para saber disso. Alguns o censuram, também a ele, por não ter dito nada de novo. É que não vêem que "a disposição das matérias é nova", o que modifica tanto o sentido quanto o alcance do conjunto. Isso equivale a criticá-lo por servir-se de "palavras antigas"! Assim como "as mesmas palavras formam outros pensamentos, por suas diferentes disposições", os mesmos pensamentos formam "um outro corpo de discurso, por uma disposição diferente".

---

12. *De l'art de persuader*, p. 358 da ed. Lafuma, Seuil, col. "L'Intégrale", 1963. [Trad. bras. *A arte de persuadir*, São Paulo, Martins Fontes, 2004.] A versão agostiniana do *cogito* encontra-se no *De libero arbitrio*, II, 3. Ver também o *De Trinitate*, XV, 12, *A cidade de Deus*, XI, 26, e os *Solilóquios*, II, 1.

A FILOSOFIA

Muitas vezes, dá-se com a filosofia o mesmo que com o jogo da péla: "Um e outro jogam com a mesma bola, mas um deles a coloca melhor."[13] De todo modo, é preciso que haja uma bola, e seguramente nenhuma é entregue completamente acabada pela natureza ou pela razão.

UMA "PRÁTICA TEÓRICA" NÃO CIENTÍFICA

A filosofia é uma prática discursiva, razoável e conceitual – o que eu resumiria, retomando uma expressão de Louis Althusser[14], dizendo que a filosofia é uma *prática teórica*. Definição ainda insuficiente, pois seria igualmente válida para a matemática ou para a biologia. Isso não é uma definição: é apenas o *gênero próximo* no qual se inscreve a filosofia. Mas a diferença específica, aqui, quase não dá margem à discussão: a filosofia é *uma prática teórica não científica*, o que significa que uma filosofia não é nem logicamente demonstrável (à diferença da matemática) nem empiricamente refutável (à diferença das ciências experimentais[15]). Bem sei que os filósofos dogmáticos costumam vangloriar-se de ter "demonstrado" a veracidade de suas teses. Mas a própria pluralidade das filosofias, os conflitos entre elas, sobre qualquer tese que seja, a incapacidade dos melhores filósofos de convencer-se – e mesmo de refutar-se – mutuamente bastam para indicar que não é

---

13. *Pensées*, fr. 696-22 da ed. Lafuma (o segundo número é o da ed. Brunschvicg). [Trad. bras. *Pensamentos*, São Paulo, Martins Fontes, 2ª ed., 2005.]

14. *Pour Marx*, VI, 1, Maspero, 1965, pp. 167-8.

15. Ver K. Popper, *Logique de la découverte scientifique*, 1934, trad. fr., Payot, 1973. Sobre o estatuto da filosofia, ver também *Conjectures et réfutations*, trad. fr., Payot, 1985, caps. 2 e 8.

assim. Os céticos sempre o souberam, razão pela qual o ceticismo, em filosofia, é o verdadeiro[16]. Veja-se novamente Pascal: "Nada fortalece mais o pirronismo do que a existência de tantos que não são em absoluto pirrônicos; se todos o fossem, estariam errados."[17] Ceticismo e dogmatismo, em filosofia, não estão em pé de igualdade. Não apenas um único cético inteligente e de boa-fé constitui, para todo dogmatismo, uma espécie de objeção encarnada, como também a própria pluralidade *dos* dogmatismos é uma recusa *do* dogmatismo, que basta para invalidar, pelo menos na prática, a pretensão de cada um deles à certeza. Por que ser estóico em vez de epicurista? Por que cartesiano em vez de espinosista? Hegeliano em vez de marxista? Ao passo que o ceticismo, ao contrário, é antes confirmado tanto pela pluralidade de suas formas (Sexto não é Pirro, Montaigne não é Hume) quanto pela própria existência (esse é o argumento de Pascal) de seus adversários. Assim, em filosofia tudo é incerto, inclusive o fato de que tudo seja incerto.

Encaixar a filosofia "no caminho seguro de uma ciência"? Esse era o projeto de Descartes, de Kant (de quem tomo emprestada a expressão) e ainda de Husserl. O fracasso deles se lê suficientemente entre seus adversários, e mesmo entre seus discípulos. Vejam-se Espinosa ou Malebranche, após Descartes; Fichte ou Schelling, após Kant; Heidegger ou Sartre, após Husserl... Toda filosofia pode

---

16. A expressão se encontra em Lagneau (*Célèbres leçons et fragments*, PUF, 1964, p. 358), que sem dúvida a toma emprestada de Pascal (*Pensées*, fr. 691-432: "O pirronismo é o verdadeiro").

17. *Pensées*, fr. 374-33. "Pirronismo", em Pascal, é sinônimo de "ceticismo" (por referência a Pirro, filósofo cético da Antiguidade).

designar-se adequadamente por um nome próprio, que é o do seu criador. Nenhuma ciência pode fazer isso, ou mesmo nenhuma teoria científica, a não ser por abuso de linguagem ou sob um ponto de vista unicamente histórico. A noção de "geometria euclidiana" só tem sentido depois que a geometria, enquanto tal, deixou de sê-lo. A noção de "física newtoniana" também. Nenhum cientista se afirmaria "euclidiano" ou "newtoniano" no fim do século XVIII (visto que todos o eram) e tampouco hoje (visto que já não o são). Ao passo que o cartesianismo ou o espinosismo permaneceram, depois de 300 anos e contra a vontade expressa de seus autores, como as filosofias... de Descartes e de Espinosa. Até mesmo o *cogito*, que é considerado a evidência por excelência, pode ser posto em dúvida. "Eu penso, logo sou"? Equivale a dizer "Chove, logo é." Qual é esse *impessoal*? Qual é esse *eu*? Eles existem? "Crença na gramática", objetava Nietzsche, e o que há de mais duvidoso do que uma gramática? Que o sujeito do pensamento não passa de uma ilusão é o que grandes espíritos pensaram, desde Hume (sem falar do Buda) até Nietzsche ou Lévi-Strauss. Quanto a pretender demonstrar, como fazia Descartes, a existência de Deus ou do mundo, isso é uma ingenuidade à qual nossos filósofos renunciaram há muito tempo. O estranho é que a filosofia não resulta daí sequer apequenada, como tampouco nossa admiração pelo gênio sem-par de um Descartes, de um Espinosa ou de um Leibniz. Disso eu concluo que, na filosofia, o que nós amamos não é a certeza nem, aliás, a dúvida, mas o próprio pensamento.

O QUE É A FILOSOFIA?

UMA DEFINIÇÃO DA FILOSOFIA

Chegamos aqui a uma primeira definição, tão necessariamente pobre em compreensão quanto rica em extensão. Procuro uma definição que possa ser conveniente tanto a Sócrates quanto a Kant, tanto a Montaigne quanto a Leibniz, tanto a Maquiavel quanto a Heidegger, tanto a Diderot ou Nietzsche quanto a Russell ou Wittgenstein... Como não seria ela desmesuradamente vasta? Convém verificar, contudo, que ela não o é em demasia – que ela não excede, em extensão, aquilo que os espíritos informados entendem comumente por "filosofia". Dessa extensão, os dez nomes que acabo de citar dão mais ou menos uma idéia. Mas o que foi feito da compreensão? Definir a filosofia como uma prática teórica não científica não seria contentar-se com uma abordagem negativa (definir um objeto por aquilo que ele não é) e englobar na filosofia certas práticas ou obras que não teriam mais nada em comum?

A primeira objeção é sobretudo formal. Uma definição negativa pode descrever adequadamente um objeto que não o é. Um número ímpar, por exemplo, não é nem mais nem menos positivo do que um número par. Mas é difícil, em relação ao seu conceito, evitar a definição seguinte: "Um número ímpar é um número que não é divisível por dois." De igual modo, os termos "ataraxia" ou "infinito" trazem em si a negação que com mais freqüência serve para defini-los (a ausência de perturbação, a ausência de limite); isso não prova que a realidade que eles designam seja negativa ("ser finito", dirá Espinosa, que é uma negação parcial, sendo a infinidade antes "a afirmação absoluta" de

A FILOSOFIA

uma existência[18]). O mesmo se dá quanto à filosofia: defini-la como "prática teórica não científica" não é encerrá-la no vazio do que ela não é (uma não-ciência); é permitir-lhe desenvolver a positividade ativa do que ela é – uma prática teórica que excede os limites de todo conhecimento. Filosofar é pensar mais longe do que aquilo que se sabe e do que aquilo que se pode saber. Isso, longe de refutar a filosofia, é o que a torna necessária. Querer encerrar o pensamento dentro do campo fechado do saber acessível seria ainda filosofar (as ciências não prescrevem limitar-se às ciências), mas contra a filosofia, e portanto dentro do ressentimento, da denegação ou da má-fé. Tal positivismo, mais estreito ainda que o de Auguste Comte, seria na verdade uma *misologia* (o termo se encontra em Platão), um ódio à razão: seria proibir a esta última interrogar-se sobre seus próprios limites (nenhuma ciência faz as vezes de teoria do conhecimento), sobre o Todo (nenhuma ciência faz as vezes de metafísica) e sobre a humanidade que nós queremos ou da qual somos capazes (nenhuma ciência faz as vezes de moral e tampouco de ética, de política ou de estética). Isso seria querer aprisionar ou deter o pensamento. Mas a filosofia é um pensamento livre, que não se detém.

A segunda objeção é mais forte. Se nossa definição inclui práticas teóricas demasiado díspares, o que resta da unidade da filosofia, que toda definição supõe? Muitas vezes, um tratado de teologia ou um ensaio de psicanálise serão tão teóricos – e tão pouco científicos – quanto um livro de filosofia. Contudo, entre os espíritos informados, é de uso ver aí três disciplinas diferentes. Isso não anula

---

18. *Ética*, I, escólio da prop. 8.

O QUE É A FILOSOFIA?

nosso trabalho de definição, já que, ao longo do caminho, sem dúvida nos aproximamos do nosso objeto (sob vários aspectos, a *Suma teológica* de Tomás de Aquino ou os *Ensaios de psicanálise* de Freud têm relação com a filosofia), mas ainda assim manifesta que ele está inacabado: esses dois livros, embora interessem aos filósofos, embora às vezes comportem alguma filosofia, não são obras de filosofia, no sentido comum do termo. Por quê? No caso da *Suma teológica*, porque esta permanece submetida a uma revelação transcendente, ou supostamente tal, que a razão pode tentar compreender mas da qual não pode (sob o ponto de vista de Tomás de Aquino e dos teólogos) libertar-se totalmente. No caso dos *Ensaios de psicanálise*, a resposta é bem outra: mesmo indemonstráveis e não refutáveis* (portanto, não científicos no sentido estrito do termo), eles resultam de uma atitude de conhecimento, mais que de interrogação ou de reflexão – motivo pelo qual a psicanálise faz parte das ciências humanas, em sentido amplo, e não da filosofia. Esta última distinção é difícil de circunscrever de maneira absoluta, o que explica o fato de que a fronteira entre a filosofia e as ciências humanas seja porosa ou vaga. Muitas páginas, em Freud ou Marx, assim como em Max Weber ou Lévi-Strauss, podem hesitar entre esses dois gêneros, e até ser da alçada dos dois ao mesmo tempo. Mas uma fronteira vaga ou incerta não faz uma identidade: o fato de se poder hesitar sobre as fronteiras da Europa (a Rússia e a Turquia fazem parte

---

* No original, *non falsifiables*, ou seja, cuja falsidade não pode ser provada. Porém, o emprego do termo "falsificabilidade" (e, por conseguinte, o de "falsificar", "falsificável" etc.) nesse campo semântico, embora de amplo uso na literatura filosófica, é desaconselhado, por constituir anglicismo pelo *Dicionário Houaiss*, que recomenda substituí-lo por "refutabilidade". (N. da T.)

A FILOSOFIA

dela?) não a impede de existir; o fato de se poder hesitar quanto às fronteiras da filosofia, em relação às ciências do homem, não prova que ela se dissolva nestas. Quanto a mim, e como não posso me estender mais sobre o assunto, direi o seguinte: as ciências humanas, embora nem sempre sejam ciências, no sentido estrito da palavra (embora nem sempre sejam demonstráveis ou refutáveis), tendem a aumentar nosso conhecimento mais que nossa sabedoria (a fazer-nos conhecer o homem racionalmente, mais que a nos levar a ser um homem ou uma mulher razoável), e isso estabelecendo fatos, causas ou leis, o que a filosofia não pode fazer. Um sábio não é um douto; um filósofo não é um cientista – ou, se o é (Descartes, Pascal, Leibniz...), é em domínios que escapam à filosofia. A Terra está no centro do Universo? Essa questão foi filosófica durante séculos – enquanto nenhuma ciência teve condições de responder a ela. Estando resolvido (ou mesmo cientificamente apresentado) o problema, por isso mesmo ele deixa de ser filosófico. Isso não retira nada da filosofia, a não ser algumas ilusões dogmáticas. Filosofar é pensar de preferência a conhecer, questionar de preferência a explicar. A filosofia não é um saber a mais; é uma reflexão sobre os saberes disponíveis (e, portanto, também sobre os limites deles; sobre aquilo que ignoramos). Ela visa menos à ciência do que à sabedoria, menos a aumentar nosso conhecimento do que a pensá-lo ou a ultrapassá-lo – por exemplo, interrogando-se sobre o conjunto do real, sobre o ser ou sobre o absoluto (metafísica), sobre o que nós podemos saber (teoria do conhecimento), sobre o que devemos fazer (moral), sobre o que podemos viver (ética, política, estética) ou esperar (religião).

O QUE É A FILOSOFIA?

São apenas exemplos, privilegiados, é certo – veremos isso na continuação desta obra –, mas que nem por isso esgotam o campo da filosofia. Qualquer objeto, real ou imaginário, pode ocasionar uma prática teórica desse tipo: filosofou-se sobre a literatura, sobre os fundamentos da matemática, sobre a bomba atômica, sobre Gustave Flaubert, sobre os fantasmas, sobre os cegos, sobre o princípio de não-contradição, sobre a Revolução Francesa, sobre a *Shoah*, sobre a Europa, sobre a técnica, sobre a diferença sexual, sobre a origem das línguas, sobre a loucura, sobre o desespero, sobre o riso, sobre a servidão voluntária, sobre os terremotos, sobre os meteoros, sobre o tempo que passa e até, às vezes, sobre o tempo que está fazendo... Apesar dessa mixórdia, vê-se que na maioria das vezes trata-se do ser humano ou daquilo que o rodeia. Nada há de espantoso nisso, pois quem filosofa é o ser humano. Contudo, o que define a filosofia não são seus objetos, mas o modo pelo qual ela trata deles: uma certa radicalidade aberta do questionamento, a força conceitual, a procura indefinida da racionalidade, a busca de uma explicação primeira ou derradeira, a exigência de verdade, mas sem prova, de universalidade, mas sempre singular, de totalidade, mas sempre a retomar ou a recomeçar... A questão "O que é a filosofia?" é já filosófica, dizia eu, ou pode sê-lo. Mas a questão "O que é a matemática?" também o é (a matemática não responde a ela nem a coloca), assim como a questão "O que é a literatura?", se a levarmos até o fim, assim como as questões "O que é a justiça?", "O que é um ser humano?" ou "O que é uma questão?"[19].

---

19. Sobre o tema do *questionamento* em filosofia, ver Michel Meyer, *Questionnement et historicité*, PUF, 2000. Ver também, do mesmo autor, *Pour une histoire de l'ontologie*, PUF, 1999, pp. 156-61.

A FILOSOFIA

O que é a filosofia? É uma prática teórica (discursiva, razoável, conceitual), mas não científica; ela se submete unicamente à razão e à experiência – com exclusão de toda revelação de origem transcendente ou sobrenatural – e visa menos a conhecer do que a pensar ou questionar, menos a aumentar nosso saber do que a refletir sobre aquilo que sabemos ou ignoramos. Seus objetos de predileção são o Todo e o homem. Seu alvo, que pode variar segundo as épocas e os indivíduos, será com mais freqüência a felicidade, a liberdade ou a verdade, e mesmo a conjunção das três (a sabedoria). Mas voltaremos a isso para concluir.

Capítulo I

A filosofia e sua história

Que a filosofia tem uma história, esse é um dado de fato. Hegel aparenta espantar-se com isso: "A filosofia se propõe a conhecer o imperecível, o eterno", ao passo que "a história conta aquilo que foi em uma época, mas que desapareceu em outra"[20]. Como poderiam elas encontrar-se no terreno da segunda? Que exista uma filosofia da história, isso se pode conceber (seria a verdade eterna do devir). Mas uma história da filosofia? Se a verdade não tem história (ela é eterna), como é possível que a filosofia tenha uma? Evidentemente, é porque nenhuma filosofia é a verdade – nem mesmo, eu acrescentaria, a de Hegel, que se pretende a superação (e, portanto, também a conservação) daquilo que cada uma, no sistema dialético de sua sucessão, tem de eternamente verdadeiro. A filosofia é coisa humana. Como escaparia à historicidade? Ela é do mundo. Como escaparia ao devir?

---

20. *Leçons sur l'histoire de la philosophie*, Introdução, I, trad. fr. J. Gibelin, Gallimard, 1954, p. 22. Ver também as pp. 30-1 e 81-2.

A FILOSOFIA

1. HISTÓRIA DA FILOSOFIA E
HISTÓRIA DAS CIÊNCIAS

Dá-se com a filosofia, pelo menos sob esse ponto de vista, o mesmo que com as ciências. Mas a história de cada uma impede que elas sejam confundidas. Nenhuma ciência é a verdade; portanto nenhuma pode ser eterna. Por isso é que existe uma história das ciências. Não é a história da verdade; é apenas a história dos conhecimentos (sempre parciais, relativos, provisórios) que vamos adquirindo – e, portanto, também dos *progressos* desses conhecimentos. História, por isso, sempre normativa e recorrente: cada época se faz legitimamente juíza da ciência das épocas precedentes, assim como, sob um ponto de vista científico, ela será julgada pelas que se seguem[21]. Isso só é possível porque o progresso científico é ao mesmo tempo "demonstrável" e "demonstrado"[22]. Como isso acontece? Aqui, Karl Popper é o mais esclarecedor. Nenhuma ciência experimental pode demonstrar a verdade de qualquer teoria que seja (visto que nenhuma indução é logicamente válida: dez mil fatos não podem garantir a verdade universal e necessária de uma lei); mas todas podem demonstrar a falsidade de vários (um só fato é suficiente para tal), e é assim que as ciências progridem – por uma espécie de seleção cultural das teorias (no sentido em que Darwin fala de seleção natural das espécies), que elimina as teorias mais fracas (as que são refutadas pela experiência) e con-

---

21. G. Bachelard, *L'activité rationaliste de la physique contemporaine*, PUF, 1951, cap. I. O termo "recorrente" deve ser tomado aqui no sentido etimológico (latim *recurrens*, "que corre para trás").

22. *Ibid.*, p. 24.

A FILOSOFIA E SUA HISTÓRIA

serva as mais fortes (as que, mesmo sendo refutáveis, resistiram até o momento a qualquer tentativa de demonstrar sua falsidade).

Vê-se que a noção de progresso é essencial à história das ciências. É ela que proíbe a qualquer ciência que tenha a pretensão de deter uma verdade absoluta (toda teoria atual será ultrapassada por teorias ulteriores), e mesmo uma verdade certa (só se está cientificamente certo dos erros que foram refutados), mas ao mesmo tempo garante o que há de absoluto e de irreversível na própria história das ciências. Que a cosmologia relativista não é *a* verdade (absoluta, definitiva, eterna), isso está bem claro; mas não se pode negar que ela é absolutamente e definitivamente superior à mecânica celeste de Newton, assim como esta era superior ao geocentrismo de Ptolomeu. Em suma, a própria objetividade do progresso científico proíbe tanto o dogmatismo (uma ciência que tivesse atingido o absoluto não mais poderia progredir) quanto o niilismo epistemológico (se não existisse nada de verdadeiro nas ciências, elas também não poderiam progredir). Assim, a história das ciências é a garantia – graças aos progressos que atesta – da cientificidade delas.

O mínimo que se pode dizer é que a história da filosofia se apresenta sob uma luz muito diferente. Se não é a história da verdade, ela tampouco é uma história dos conhecimentos – visto que não existem conhecimentos propriamente filosóficos. Desse modo, ela é sem progresso, tanto quanto é sem certeza. Não somente os diferentes filósofos de uma mesma época divergem geralmente sobre o essencial, como também não existe, ao longo dos séculos ou dos milênios, nenhum progresso global comprovado.

A FILOSOFIA

Que o aristotelismo seja superior ao platonismo, o leibnizianismo ao aristotelismo, o kantismo ao leibnizianismo, o hegelianismo ao kantismo, isso é o que pensará... um hegeliano, se é que ainda existe algum, convencido de que a história da filosofia, também ela, obedece a uma razão providencial, a ponto de identificar-se, pelo menos retrospectivamente, ao sistema que a pensa e a encerra[23]. Os nietzschianos ou os heideggerianos, que são mais numerosos, pelo menos hoje em dia, não concordarão com isso; antes, verão na história da filosofia ocidental, desde a aurora insuperada dos pré-socráticos, uma longa decadência do pensamento, dominado pelo judeu-cristianismo, pelo niilismo (Nietzsche) ou pelo esquecimento do ser (Heidegger)... E quantos outros, que não se reconhecem em nenhuma dessas três correntes, se sentirão mais próximos de Epicuro ou de Marx do que dos cumes tradicionalmente reverenciados, e de fato admiráveis, das histórias idealistas ou universitárias da filosofia? A história da filosofia não é um longo rio tranquilo. É uma história "movimentada e belicosa", como diz François Dagognet[24]; é uma "arena", como dizia Kant (*Kampfplatz*: um lugar de combate)[25]. Nela, é preciso contar os pontos, é mais ou menos o que fazem os historiadores, ou escolher seu próprio campo, é o que fazem os filósofos. Mas contar os pontos, neste caso, não é neutro. A história da filosofia, como *historia rerum*

---

23. Ver, por exemplo, Hegel, *Leçons sur l'histoire de la philosophie*, Introdução, pp. 109-32. Martial Gueroult viu com clareza que isso equivalia a abolir o que há de propriamente histórico na história da filosofia (*Philosophie de l'histoire de la philosophie*, Aubier-Montaigne, 1979, cap. II, § 59; ver sobretudo as pp. 256-68).

24. F. Dagognet, *Les grands philosophes et leur philosophie. Une histoire mouvementée et belliqueuse*, Les Empêcheurs de penser en rond – Le Seuil, 2002.

25. *Crítica da razão pura*, Prefácio da segunda edição.

A FILOSOFIA E SUA HISTÓRIA

gestarum, faz parte da filosofia, isto é, dela mesma, como *res gestas*: o historiador está dentro da arena. Aqui, estamos muito longe da história das ciências (que, como disciplina específica, não faz parte do objeto que ela estuda). A história da filosofia não é a história de seus progressos, é a de seus conflitos, de suas criações (ao passo que se falará, no caso das ciências, de descobertas), de suas obras. Isso a aproxima da história da arte, pelo menos sob esse ponto de vista, mais que da história das ciências. Que progresso houve, em música, depois de Bach? Em escultura, depois de Fídias ou Michelangelo? Em filosofia, depois de Aristóteles ou Kant?

Nem por isso, contudo, a história da filosofia é menos normativa. É uma "história *julgada*", também ela, que tem a obrigação, se quiser ser filosófica (e não simplesmente historiadora), de "distinguir o erro e a verdade, o inerte e o ativo, o nocivo e o fecundo"[26]. Porém, não pode fazê-lo do ponto de vista de uma recorrência garantida, graças ao progresso, da superioridade do presente em relação ao passado. Ocorre com mais freqüência o inverso: cada filósofo, ao ler hoje Aristóteles ou Kant, deverá certamente distinguir, no pensamento deles, o que lhe parece verdadeiro ou falso, inerte ou ativo, nocivo ou fecundo; mas daí sairá ainda mais convencido do gênio de cada um, do que há de insuperável nas obras deles, e enfim, quase sempre, de sua própria insuficiência, quando não – isso acontece – da de sua própria época. É o que explica que seu julgamento possa ser independente, pelo menos em parte, de suas próprias posições filosóficas. Acabo de evocar Aristóteles e Kant, e não por

---

26. Todas essas expressões são de Bachelard, a respeito da história das ciências (*op. cit.*, p. 24).

A FILOSOFIA

acaso: a meu ver, eles são os dois maiores filósofos que o Ocidente conheceu. No entanto, não sou nem aristotélico nem kantiano, longe disso. Epicuro, Lucrécio ou Espinosa (ou mesmo La Mettrie, que não passa de um mestrezinho) aproximaram-se muito mais daquilo que eu acredito ser a verdade. Mas, por um lado, isso é apenas uma crença (e não o efeito de uma demonstração, como na história das ciências), e, por outro, a verdade, em filosofia, não é tudo: existem verdades chãs ou estéreis, erros fecundos, ilusões tônicas, e até insuperáveis. "Um erro de Descartes", dizia Alain, "vale mais do que uma verdade de aprendiz." Desse modo, em filosofia pode-se aprovar sem admirar, assim como se pode, o que é mais freqüente quando lemos os bons autores, admirar sem aprovar. Nunca entendi, por exemplo, como se podia ser leibniziano. E no entanto não conheço livro mais admirável, em filosofia, do que a *Monadologia* ou o *Discurso de metafísica* de Leibniz.

De resto, a ausência de progresso, para a filosofia em si, não é em absoluto uma recusa. Ela seria antes o penhor, para cada grande filosofia, de sua perenidade, pelo menos como verdade possível, de sua insuperável e sempre nova singularidade. Aqui, a comparação com a história das ciências é vantajosa para a filosofia. Que físico lê hoje Galileu ou Newton? Que filósofo não lê Platão ou Descartes? Toda ciência passada é ultrapassada. Toda grande filosofia, insuperável. O primeiro professor de física que aparecer sabe mais sobre o assunto, graças ao progresso de sua disciplina, do que os maiores físicos dos séculos passados. Numa metáfora bastante conhecida, ele é como um anão montado nos ombros de um gigante: enxerga mais longe do que este. O melhor de nossos professores de filosofia sempre saberá menos sobre o tema do que os gênios esmagadores (pois é deles que ele fala!) sobre os quais dá explicações ou faz comentários. Ele também é um anão, que não pode enxergar mais longe, mesmo montado nos ombros deles, do que aqueles por cujos olhos gostaria de enxergar. Isso constitui a dificuldade desse ofício – aqui o indivíduo se confronta, e no terreno do outro, com algo mais forte do que ele – e ao mesmo tempo sua grandeza. Isso constitui, sobretudo, a vitalidade perdurável da história da filosofia, não como simples história (como conjunto de fatos, que bastaria conhecer e explicar), mas como história filosofante (como conjunto de idéias, que é preciso pensar e julgar). A história das ciências olha para o passado; a da filosofia, para o presente ou o futuro. Aquela é recorrente; esta, sempre atual ou prospectiva. Um dos nossos maiores historiadores da filosofia expressou bem essa idéia:

> O interesse da história da filosofia leva grande vantagem sobre o da história das ciências, pois, com ela, trata-se bem menos de erros comprovados do que de soluções possíveis. Enquanto os problemas da ciência do passado (sinônimo de ciência ultrapassada) estão em sua maioria resolvidos ou abolidos, os da filosofia passada continuam a esperar que alguém os resolva. Por isso, tudo aquilo que, da ciência passada, não sobrevive na ciência atual aparece, salvo raras exceções, como radical e definitivamente falso, ao passo que os sistemas passados – salvo nas partes ligadas a teorias científicas falsas –, ainda que tenham caducado, não revestem o aspecto de erros formais e parecem poder encerrar elementos de solução utilizáveis algum dia.[27]

_____
27. M. Gueroult, *op. cit.*, cap. I, pp. 56-7.

A FILOSOFIA

Ptolomeu ou Newton estão atrás de nós, definitivamente. Platão ou Descartes, ao contrário, sempre nos acompanham, e até, o que é próprio dos gênios, nos precedem, a ponto de se ter antecipadamente a certeza, aonde quer que se vá, por mais longe que se possa avançar, de encontrá-los várias vezes, mesmo que no conflito. É nisso que a filosofia mantém com seu passado uma relação sempre necessária e constitutiva – não porque a história da filosofia faça as vezes de filosofia, como às vezes acreditam nossos universitários, mas porque a filosofia viva, a de hoje, não é senão um prolongamento, por mais nova que seja, da *philosophia perennis*, a de sempre, que não passa.

2. A FILOSOFIA DA ANTIGUIDADE

"De sempre" é um modo de falar, pois a filosofia, ao que parece, não tem três mil anos. Considera-se comumente que ela nasceu na Grécia, durante os séculos VI e V a.C. Os mais antigos filósofos conhecidos, pelo menos no Ocidente, são os chamados pré-socráticos. Isso não exclui que tenha havido outros, antes e alhures, especialmente nas imemoriais civilizações egípcias, indianas ou chinesas. Que a filosofia seja exclusivamente ocidental, como pretendem alguns, é sem dúvida uma tolice. A razão, a experiência e a liberdade de espírito não constituem um bem exclusivo de nenhum povo, não mais que o gosto pela verdade ou pela felicidade. Por que a filosofia o seria? Em que Lao-tse é menos filósofo do que Heráclito? Nagarjuna ou Sankara, menos filósofos do que Plotino ou Scotus Eri-

32

A FILOSOFIA E SUA HISTÓRIA

gena? Se, neste livro, eu só falo de autores ocidentais, é para não ir além daquilo que conheço de primeira mão – portanto não por desprezo mas por humildade. A mesma razão me proíbe de falar das grandes filosofias persas (al-Farabi, Avicena, Sohrawardi...), árabes (Averroés, Ibn Arabi, Ibn Khaldun...) ou judaicas (Judah Halevi, Maimônides, Gersônides...), ainda que elas sejam freqüentemente indissociáveis, por suas fontes e seu conteúdo, das filosofias gregas e mais tarde européias. Na bibliografia que fecha este volume, encontram-se elementos para preencher, ou mesmo desculpar, essas lacunas.

Inegavelmente, contudo, não é impossível que os gregos – especialmente os dos confins: primeiro na Jônia, na costa oeste da Ásia Menor, e mais tarde no sul da Itália – tenham de fato gozado, em filosofia, de uma espécie de anterioridade. Por qual razão? Talvez por causa de sua situação geográfica, no coração do Mediterrâneo mais urbano, mais comerciante (Mileto, de onde são originários Tales e Anaximandro, é então uma das cidades mais povoadas e mais prósperas do mundo grego), mais viajante (Tales teria ido ao Egito, Demócrito até as Índias), em contato imediato com os lídios e depois com os persas, a igual distância, ou quase, do Egito, da Judéia e da Mesopotâmia... Talvez também em virtude de sua situação histórica, e especialmente da descoberta quase simultânea, na Grécia, da matemática, da cidadania e da democracia (que talvez tenha sido inventada em Quio, ou seja, na Jônia, não longe de Mileto[28]). Isso constitui um encontro singular, e singularmente libertador. Um raciocínio matemático ou

---

28. Ver P. Lévêque, *L'aventure grecque*, 1964; reed. Le Livre de poche, pp. 181 e 195.

A FILOSOFIA

uma votação não obedecem a ninguém – nem aos deuses nem aos reis. É nisso que eles são livres. Mas encontro problemático também, e até aporético, já que votação e demonstração tampouco obedecem uma à outra. Eis que o *lógos* já não depende senão de si mesmo, mas de duas formas diferentes e até opostas (a matemática não tem nada a fazer com uma votação, nenhuma demonstração faz as vezes de democracia). Esse sistema de "duplo constrangimento", dizem-nos os psiquiatras, é suscetível de enlouquecer uma pessoa. Eu emitiria de bom grado a hipótese de que os gregos inventaram a filosofia para escapar a essa loucura do *lógos*. Uma vez que este é suscetível de dois procedimentos de decisão (a votação, a demonstração) que são independentes um do outro e que podem parecer incompatíveis, como escapar ao conflito, à dúvida, à angústia, ao delírio? Esta é apenas uma hipótese. Mas não o é o fato de que o *lógos*, na Grécia, se descobre livre. A filosofia, para nascer, não pede muito mais. Tales, que foi também matemático, era contemporâneo de Sólon; Pitágoras, outro filósofo matemático, de Clístenes; Sócrates, de Péricles. É difícil (embora os dois primeiros não sejam atenienses) só ver nisso três coincidências.

Os pré-socráticos, portanto, abrem o caminho. Contra o mito, contra a superstição, eles serão como que os arautos – e mesmo os heróis – da liberdade de espírito. Suas obras estão quase integralmente perdidas; suas datas são aproximativas. Mas algumas alusões em autores mais tardios, algumas citações, alguns fragmentos às vezes substanciais bastam para atestar sua grandeza. Lembremos pelo menos os nomes dos mais conhecidos: Tales (c. 625-547 a.C.), Anaximandro (610-545), Pitágoras (575-500), Xenófanes

A FILOSOFIA E SUA HISTÓRIA

(570-480), Heráclito (550-480), Parmênides (515-440), Ana-xágoras (500-428), Empédocles (490-435), Zenão de Eléia (485-430)... A estes costuma-se muitas vezes acrescentar Demócrito (460-370), apesar da cronologia – ele nasceu dez anos depois de Sócrates –, porque ele filosofa um pouco da mesma maneira que os pré-socráticos. Qual é essa "maneira"? Libertada do mito, por isso ela é filosófica, e radical, por isso ela é metafísica. As filosofias pré-socráti-cas voltam-se para o conjunto do real, do qual buscam o princípio primeiro ou derradeiro: a água (Tales), o infinito ou o indeterminado (Anaximandro), os números (Pitágo-ras), o Uno ou Deus (Xenófanes), o fogo, o *lógos* ou o devir (Heráclito), o ser (Parmênides e Zenão de Eléia), o espírito (Anaxágoras), o amor e o ódio (Empédocles), os átomos e o vazio (Demócrito)... Aristóteles os denomina freqüentemente *físicos*, porque o conjunto do real, para a maioria deles, não é outra coisa senão a natureza (*phýsis*): a metafísica deles é também uma física – não científica, é claro – ou uma teoria da natureza (uma *physiologia*).

Tudo muda com Sócrates (470-399), que se ocupa menos da natureza ou do Todo que do homem. É o que podemos chamar de revolução socrática. Sua máxima? "Conhece-te a ti mesmo." Não, sem dúvida, que a intros-pecção faça as vezes de filosofia ou seja suficiente para tal! Sócrates filosofa em praça pública, e no diálogo bem mais do que na solidão. Mas ninguém, pensa ele, pode extrair a verdade senão de si mesmo, ainda que para isso necessite do encontro do outro (é o princípio da "maiêutica" socráti-ca, que quer parir os espíritos). Ora, o que a pessoa desco-bre em si é uma verdade universal (uma verdade que não fosse verdadeira para todos, de direito, não seria verdadeira,

A FILOSOFIA

de fato, para ninguém), inclusive em matéria de moral. É o que se chama intelectualismo socrático: o verdadeiro e o bem andam juntos (a verdade é boa, o bem é verdadeiro), o mal não passa de um erro – o que traz como conseqüência, e esse é um ponto-chave do socratismo, que "ninguém é mau voluntariamente". O modelo matemático (uma verdade necessária, que dispensa os sufrágios) suplanta, e deve suplantar, o modelo democrático (sufrágios contingentes, que dispensam a verdade). Nisso Sócrates se opõe aos sofistas, que ganhavam a vida, freqüentemente muito bem, ensinando a triunfar, no debate, fosse qual fosse a posição de uns e de outros. Isso significava tender ao "discurso forte", como dizia Protágoras, de preferência ao discurso verdadeiro, e submeter o pensamento, conseqüentemente, menos à verdade ou à razão do que à vitória ou à eficácia. Lógica da democracia. Lógica da sofística. Numa assembléia, trata-se menos de ter razão do que de ganhar a adesão do maior número. Mas, para Sócrates, essa lógica não é lógica, já que nenhuma verdade se vota (a razão não está submetida ao princípio majoritário) e já que nenhum voto é garantia de verdade. Sócrates morrerá por isso, por não ter sabido convencer seus juízes, que o acusavam de impiedade e o condenaram à morte. Mas, filosoficamente, quem desaparecerá serão os sofistas. O talento, inegavelmente ofuscante, dos maiores dentre eles (Protágoras, Antifonte, Górgias, Hípias...) nada pôde contra a ironia socrática. Nem seu *savoir-faire* (sua *tékhne* argumentativa) contra o *savoir-être* (a sabedoria) de Sócrates.

Como lembrei na introdução, Sócrates não escreveu nada. Só conhecemos seu pensamento através de seus discípulos (sobretudo Platão, o maior deles, e Xenofonte) ou de seus adversários (especialmente Aristófanes, que o põe em cena e o ridiculariza em *As nuvens*). Mas todo o pensamento grego ulterior traz sua marca. Seus discípulos diretos originaram as principais correntes da filosofia da Antiguidade, desde o caminho régio (Platão, Aristóteles, Plotino) até os "pequenos socráticos": Antístenes, que retém sobretudo o ensinamento moral de Sócrates e funda a escola cínica; Euclides de Mégara, que lhe desenvolve a dimensão lógica e conduz aos megáricos (essas duas correntes, a cínica e a megárica, irão reunir-se ulteriormente no estoicismo); Aristipo de Cirene, que dele extrai uma ética hedonista (a qual será retomada e modificada pelo epicurismo)... Não é possível, aqui, acompanhar essa história em seus detalhes nem mesmo, por falta de espaço, em suas grandes linhas. Contentemo-nos então em evocar, claro que muito brevemente, alguns de seus expoentes.

O primeiro, e talvez o mais espetacular, é Platão (427-348). Seus livros são diálogos, nos quais, mais freqüentemente, quem ocupa o papel principal é Sócrates. Mas Platão não se contenta em dar a palavra ao seu mestre. Ele extrai as conseqüências tanto da morte deste (o Bem não reina aqui embaixo) e de seu pensamento quanto de sua vida (o que é verdadeiro e que convém seguir é o Bem). E procura extrair daí as condições metafísicas de possibilidade. Tal é o desafio do platonismo: dar razão a Sócrates, e não importa se, para isso, é preciso atribuir erro ao mundo – apesar de sua beleza –, à história, à vida, à humanidade real e sofredora. Daí resulta uma cisão, certamente não entre o Ser e o Bem (todo o pensamento de Platão visa, ao contrário, a reconciliá-los, após o traumatismo da cicuta) mas entre dois mundos: o mundo sensível, o do corpo, do devir (é o mundo de Heráclito, talvez), da aparência e da opinião, no qual se pode condenar um sábio à morte; e o mundo inteligível, que somente a alma pode perceber ou reconhecer, o das Idéias, das Essências, as únicas verdadeiramente reais, as únicas eternas, mundo imutável e perfeito (dir-se-ia o mundo de Parmênides revisto por Pitágoras), no qual Sócrates suplanta para sempre seus juízes. Desse mundo inteligível, a matemática, melhor do que a arte, pode dar uma imagem ("Que ninguém entre aqui se não for geômetra"), mas a moral e a política também devem imitá-lo, na medida do possível, assim como o tempo imita a eternidade, assim como a vida, na sabedoria, imita a morte (filosofar é libertar-se da "loucura do corpo"; os verdadeiros filósofos, mesmo ainda vivos, estão "já mortos"). O corpo é um túmulo, do qual é importante evadir-se. É aí que o idealismo leva à religião. Esse outro mundo, que é o verdadeiro, é dominado pelo Bem em si, o qual é absoluto e transcendente ("para além da essência", escreve Platão), mas que às vezes o sábio, arrancando-se desta caverna que é o nosso mundo, pode entrever, na distância e no ofuscamento, e que, mesmo aqui embaixo, mesmo de longe, o ilumina e o guia... Assim, o Ser e o Bem estão do mesmo lado. E nós – em todo caso, pelo corpo – de outro. Filosofia da transcendência, que desemboca numa mística, como se vê em Plotino (205-270), como se verá, muito mais tarde, em Simone Weil (1909-1943), a grande platônica do século XX. O Bem está alhures; o Bem é aquilo que falta! Por isso é que nós o amamos (visto que o amor é falta), sem poder possuí-lo, exceto na morte. Metafisicamente, o preço a pagar é bastante pesado. Dualismo da alma e do corpo (só a alma é imortal), dualidade dos dois mundos, cisão entre o ser e o devir, entre a sabedoria e a vida, entre a humanidade e a natureza... É o fim da bela unidade grega e, talvez, da felicidade.

É o que os sucessores de Platão tentarão superar, menos na Academia, a escola que ele fundou (a qual enveredará progressivamente para o ceticismo), do que fora desta, e de início no Liceu, a escola concorrente, fundada por um antigo discípulo e depois assistente de Platão, mas que foi também o preceptor de Alexandre o Grande e que será sobretudo – mais do que Platão e durante dois mil anos – o mestre e o modelo de todos os filósofos profissionais. Aristóteles (384-322), pois se trata dele, é claro, não crê nas Idéias separadas. Não existem dois mundos, mas um só. E, se há duas partes no mundo (a dos astros, de uma regularidade imutável, e a nossa, "sublunar", fadada ao acaso e à mudança), ambas merecem nossa atenção: o mundo inteiro, que é finito e incriado, dá-se a pensar e a conhecer. Assim, encontram-se em Aristóteles uma lógica, uma física, uma biologia, uma psicologia, uma política, uma retórica, uma poética, todas de uma riqueza e de uma inteligência desconcertantes (ainda que seu saber positivo esteja há muito tempo ultrapassado), ao mesmo tempo que uma ética e uma metafísica, as quais dominaram durante séculos – e talvez dominem ainda – essas duas áreas. O Estagirita, como muitas vezes o chamam (porque ele nasceu em Estagira, na Macedônia), procede por distinções conceituais: a essência e o acidente, o ato e a potência, a forma e a matéria... Mas para pensar, a cada vez, a unidade das substâncias ou dos indivíduos, que são (e não as Idéias) os verdadeiros seres. Ele tende a reunificar aquilo que Platão separava. A alma? Ela não é separada do

A FILOSOFIA

corpo: é apenas a "forma" deste e o princípio vital de seu funcionamento (aquilo que o "anima"). O bem? Não é uma Idéia: é o alvo da ação (seu fim, especialmente a felicidade, que é o fim do homem), e mesmo a própria ação (o bem que se faz) ou a potência de realizá-la (a virtude, como disposição adquirida para agir bem), uma e outra sempre encarnadas e individuais. É fazendo o bem que se aprende a fazê-lo: o ato, em tudo, é anterior à potência (é preciso que haja algo de real para que alguma coisa seja possível). Daí a importância do hábito, que constitui como que uma "segunda natureza", e da educação. Quanto à transcendência – a de Deus, "ato puro", "pensamento do pensamento", "Primeiro Motor" imóvel, que move tudo, sem se mover a si mesmo, pelo desejo que ele inspira e não sente –, esta nos separa menos do divino do que nos permite, pela contemplação, identificar-nos com ele. O alvo supremo da filosofia é o de nos tornar desde já "imortais", pelo menos "tanto quanto possível", mas sem que para isso renunciemos nem ao prazer da ação (que se acrescenta ao ato como "à juventude sua flor") nem às alegrias do conhecimento e da amizade. A felicidade não se encontra totalmente na contemplação, nem mesmo na virtude. Ainda é preciso dispor de uma saúde mínima, de uma certa desenvoltura, de um ambiente social e político não muito degradado... Ainda é preciso amar e ser amado. "Sem amigos", pergunta Aristóteles, "quem quereria saber da vida?" O maior filósofo da Antiguidade talvez seja também o mais humano.

Demasiadamente humano? É o que pensarão as três grandes escolas "helenísticas", aquelas que são posteriores à morte de Alexandre, em 323 a.C., e portanto contempo-

A FILOSOFIA E SUA HISTÓRIA

râneas da longa decadência das cidades gregas. Céticos, epicuristas e estóicos nos propõem, para resistir às desgraças da época, uma sabedoria sob certos aspectos mais radical, mais exaltante ou mais indestrutível do que a de Aristóteles. Mas nós podemos alcançá-la? E ela tem condições de nos satisfazer?

O ceticismo não começa com Pirro (360-270). Os sofistas já haviam estabelecido a impossibilidade de qualquer certeza, e até rejeitado a própria idéia de verdade. E também não se encerra com ele. Enesidemo e Sexto Empírico (mas também, sob outro ponto de vista, a Nova Academia, a de Arcesilau e Carnéades) prolongarão a trilha cética, a da dúvida generalizada ou da suspensão do julgamento – a qual renascerá com Montaigne e desde então não cessará de opor-se aos diferentes dogmatismos que quase sempre dominam a cena filosófica. Mas Pirro, que não escreveu nada, foi durante dois mil anos o cético emblemático, e mesmo epônino (um dos livros de Sexto se chama *Esboços pirrônicos*, e "pirronismo", ainda em Pascal, é o nome mais usual do ceticismo). Seu pensamento, ao menos o que dele se sabe, está mais ou menos contido neste resumo, que devemos ao seu discípulo Timão de Fliunte, por sua vez citado por Arístocles e transmitido por Eusébio:

As coisas, Pirro as mostra igualmente indiferentes, imensuráveis, indecidíveis. Por isso, nem nossas sensações nem nossos julgamentos podem dizer a verdade ou enganar-se. Por conseguinte, não convém atribuir-lhes a menor confiança, mas sim ser sem julgamento, sem inclinação para qualquer lado, inabalável, dizendo de cada coisa que ela não é mais do que não é, ou que ela é e não é, ou que ela não é nem não é. Para aqueles que se encontram em tais disposi-

A FILOSOFIA

ções, o que resultará disso é primeiro o silêncio [*aphasía*] e depois a serenidade [*ataraxía*].[29]

Pode-se ver aí uma forma de niilismo, tanto ontológica (nada de seres, nada de substâncias, nada de essências) quanto gnoseológica e moral (nem Verdadeiro nem Bem). No entanto, a vida continua, e basta-lhe a aparência. Com isso o sábio, livre de crença, só pode viver melhor.

Epicuro (341-270), ao contrário, é um dogmático, que escreveu muito (embora, de sua obra, só se tenham conservado três cartas e algumas máximas). Seu dogmatismo é ao mesmo tempo sensualista e racionalista. A sensação é critério de verdade e fonte, direta ou indireta, de todo conhecimento. Mas somente a razão, que daí se origina, pode conhecer os constituintes invisíveis da natureza que são os átomos e o vazio. Essa natureza é infinita (comporta uma infinidade de mundos finitos), eterna (ao passo que cada mundo está fadado a desaparecer) e submetida unicamente ao acaso ou a si mesma. É nisso que ela é livre. Os deuses fazem parte dela. Como poderiam governá-la? Eles vivem nos intermundos, são tão materiais quanto o resto, e ademais não se ocupam de nós. De que adianta implorar-lhes ou temê-los? Esse materialismo atomístico prolonga o de Demócrito, modifica-o (concebendo um movimento indeterminado dos átomos, o *clinamen*, que possibilita o encontro deles e nossa liberdade) e o ultrapassa, se nos fiarmos nos textos conservados, sobretudo no domínio ético. Epicuro, aqui, é um mestre de primeira ordem. Ele propõe uma ética ao mesmo tempo

---

29. Eusébio, *Prép. évang.*, XIX, 18, 1-4, na tradução (que modifiquei ligeiramente) de M. Conche, *Pyrrhon ou l'apparence*, PUF, 1994, pp. 60-1.

materialista (a alma é apenas uma parte do corpo e morrerá com ele), hedonista (o prazer é o princípio de toda escolha) e eudemonista (a felicidade é o soberano bem). Não, é claro, que se trate de multiplicar os objetos do desejo! A ética epicurista é uma arte de fruir mas ascética. Trata-se de fruir o mais possível desejando o mínimo possível. O sábio contenta-se com os prazeres naturais e necessários: comer, beber, dormir, que são necessários à vida; ter um teto e vestimentas, que são necessários ao bem-estar; por fim, a amizade e a filosofia, que são necessárias à felicidade. Assim, ele é mais feliz do que o insensato, que não pára de perseguir os prazeres que lhe faltam e que, mesmo indefinidamente aumentados, não podem saciá-lo (os prazeres que não são nem naturais nem necessários: a glória, o poder, a riqueza). A filosofia epicurista se quer uma terapia da alma, que se apóia, como um remédio de quatro ingredientes (o *"tetrapbármakon"*), em quatro teses: "Não há nada a temer dos deuses; não há nada a temer da morte; pode-se alcançar a felicidade; pode-se suportar a dor."

O resultado é a saúde da alma, isto é, a sabedoria. Ela se reconhece na felicidade ou na ataraxia (o prazer da alma em repouso), que é como um gozo de eternidade – motivo pelo qual o sábio vive "como um deus entre os homens". Essa sabedoria, uma das mais apaziguadas que já existiram, uma das mais luminosas, será retomada – no entanto com toques trágicos – por Lucrécio, o genial discípulo latino de Epicuro, o maior dos poetas-filósofos, que viverá mais de dois séculos depois de seu mestre e transmitirá até nós, em versos muitas vezes atormentados, suas "palavras de ouro" e de paz.

A FILOSOFIA

A terceira sabedoria helenística é o estoicismo. A escola, fundada na Grécia por Zenão de Cício (326-264) e Crisipo (281-208), nos é conhecida sobretudo pelos textos mais tardios de Sêneca, Epicteto e Marco Aurélio, que viveram em Roma nos séculos I e II d.C. Como o epicurismo, o estoicismo é uma espécie de materialismo: somente os corpos existem; os "incorporais" (o sentido, o vazio, o lugar, o tempo) não passam de abstrações. Mas esse materialismo vitalista e finalista se opõe, em todos os pontos, ao epicurismo. É quase uma religião: o mundo é pleno, contínuo, único, animado, inteligente, submetido a uma ordem providencial imanente – o Mundo é Deus. Daí uma sabedoria ao mesmo tempo cosmológica e racionalista, que é o contrário de um hedonismo: o objetivo não é fruir mas viver em conformidade com a natureza racional e razoável que nos contém e que nós somos – o objetivo é a virtude, isto é, indissoluvelmente, a liberdade e a felicidade. Chega-se a isso aprendendo a aceitar aquilo que não depende da pessoa e a fazer aquilo que depende dela. O estoicismo não é uma arte de fruir; é uma arte de querer. Trata-se de só desejar aquilo que é (aceitação) ou aquilo que depende de nós (portanto aquilo que fazemos). Como não ficaria o sábio plenamente satisfeito? Tudo vem como ele o deseja, já que ele só deseja aquilo que vem ou que ele faz. É engano ver aí uma escola da passividade. É totalmente o contrário: uma escola de coragem e de ação.

3. A FILOSOFIA MEDIEVAL

O cristianismo e mais tarde as invasões bárbaras vão encobrir aquela luz, que é a luz grega, mas sem apagá-la

A FILOSOFIA E SUA HISTÓRIA

totalmente. Depois os próprios bárbaros acabarão por converter-se... Mas a sabedoria, para a Igreja, importa menos do que a salvação, e só é possível ser salvo por Deus, não por si mesmo. Questão de Revelação ou de graça, mais que de inteligência ou de vontade. Questão de santidade, mais que de sabedoria. A bela independência grega ficou para trás. A teologia passa à frente da filosofia, a fé suplanta a razão, as Escrituras vencem a experiência. Nem por isso a filosofia, embora destronada, desaparece. Santo Agostinho (354-430), que foi neoplatônico antes de ser cristão, faz o casamento – no altar do Império Romano – entre os dois caminhos, judeu e grego, que não mais se separarão. Cidadão romano que vivia no norte da África, trabalhador obstinado, pensador exímio, escritor de gênio, ele contribuiu mais do que qualquer outro para inventar o que mais tarde será chamado de Ocidente cristão. Mas também inventa uma nova forma de subjetividade, mais interior, mais reflexiva, ao mesmo tempo mais segura de si mesma e mais inquieta, que é ainda a nossa. A ele se deve a primeira formulação do *cogito*, a primeira autobiografia espiritual (as *Confissões*), mas sobretudo uma teorização grandiosa do cristianismo. Filósofo? Teólogo? Ele é um e outro, indissociavelmente. Não busca a verdade. Tenta compreender aquela que já encontrou, segundo acredita, ou antes que o encontrou, a ele, que não o largará mais e à qual ele não quer senão servir. É nisso que Santo Agostinho faz parte da Idade Média, aberta por ele (embora tradicionalmente se considere que esta só começa com a queda do Império Romano do Ocidente, em 476), tanto quanto da Antiguidade tardia, por ele encerrada. Entre esses dois maciços, ele é o desfiladeiro mais elevado, um desfiladeiro que seria ao mesmo tempo um cume.

A FILOSOFIA

Não se sabe grande coisa, filosoficamente, sobre os primeiros séculos da Idade Média – digamos entre a morte de Boécio, em 524, e o nascimento de Scotus Erigena, por volta de 810. Um mundo desmoronou. Serão necessárias várias gerações, e sem dúvida muitos heróis obscuros, para que a filosofia volte a ser visível para nós. Ela ainda permanece freqüentemente impenetrável para o profano e repulsiva para o leigo. À força de se querer "serva da teologia", a filosofia medieval se fechou naquilo que mais tarde se tornará um gueto: quase já não é praticada, desde há séculos, senão por alguns especialistas, os quais, apesar de seus esforços e de sua competência, jamais conseguiram verdadeiramente que o grande público, mesmo que cultivado, se interessasse por ela. Contrariamente àquilo em que às vezes se acredita, ela não foi de saída ou sempre aristotelizante. Scotus Erigena (810-877), Anselmo de Canterbury (1033-1109) ou Nicolau de Cusa (1401-1464) devem mais ao neoplatonismo. Nem por isso o aristotelismo, com freqüência transmitido ou comentado por autores muçulmanos (al-Farabi, Avicena, Averroés), deixará de exercer um papel considerável, que continuará a crescer, de Abelardo (1079-1142) a Tomás de Aquino (1225-1274). Este último, que não lia grego, mesmo assim fez de Aristóteles seu mestre após Deus. É um dos belos encontros do espírito. Imenso gênio também ele, equivalente a um Agostinho (com menos flama, porém com mais rigor, força sistemática, precisão), Tomás de Aquino remata – quase nove séculos depois do bispo de Hipona – o casamento entre as Escrituras e a filosofia, entre Jerusalém e Atenas, entre a Lei e o *lógos*, entre a fé e a razão.

A FILOSOFIA E SUA HISTÓRIA

Desses dez séculos que formam a Idade Média, poucas obras permaneceram filosoficamente vivas. Tem-se retrospectivamente o sentimento de um "interminável parêntese, no qual a fé triunfa sobre a razão, a linguagem sobre a experiência, o abstrato sobre o concreto, as palavras sobre as coisas" (A. de Libera). Retêm-se alguns títulos, que quase já não se lêem (por exemplo, o *Proslogion* de Santo Anselmo, em que ele inventa a "prova ontológica"), e alguns problemas, que já não são os nossos... Subsiste apenas a "querela dos universais". Cumpre dizer que ela prolonga a oposição entre Platão e Aristóteles, na Antiguidade, assim como anuncia a do racionalismo e do empirismo, nos tempos modernos, e mesmo a do idealismo e do materialismo. De que se trata? Do estatuto do universal. Tome-se uma idéia geral, a idéia de homem, por exemplo. Trata-se de uma essência realmente existente, independentemente dos indivíduos, ou apenas de uma palavra, um nome, um ruído (*flatus vocis*), que só existe na medida em que o pensamos ou em que o pronunciamos? É nisso que se opõem os *realistas*, no sentido quase platônico do termo, que afirmam, em graus diferentes, a existência real do universal (Santo Anselmo, Duns Scotus...), e os *conceptualistas* ou *nominalistas*, para os quais – embora, também aqui, em graus diferentes – somente os indivíduos existem realmente, e as generalidades só aparecem de modo secundário, no espírito ou na linguagem (Roscelin, Abelardo, Guilherme de Occam, Buridano). Esse problema continua sendo o nosso. Mas eu quase não conheço filósofos vivos que busquem a resposta nesses autores.

A FILOSOFIA

4. A FILOSOFIA MODERNA

Quando começa a modernidade? Para os nossos historiadores, e ainda que exista aí uma parte de convenção e de etnocentrismo, é em 1453, quando os turcos tomam Constantinopla. O desaparecimento do Império Romano do Oriente marca assim o fim da Idade Média, que tradicionalmente começa, lembremos, com a queda do Império Romano do Ocidente, em 476. Isso diz muito sobre o peso, em nossa historiografia, da romanidade – tanto mais quanto o Renascimento, que abre os tempos modernos, foi de início um retorno aos antigos. Às vezes os filósofos tendem a esquecer isso. Tanto se afirmou, desde Hegel e Husserl, que a filosofia moderna começava em Descartes, que comumente se trata do Renascimento, em nossas histórias da filosofia e ao contrário do que ocorre em história da arte, como de um apêndice que prolongaria a Idade Média. É um erro grave de perspectiva. A filosofia moderna não começa com Descartes. Ela começa com Montaigne (1533-1592), logo seguido por Giordano Bruno (1548-1600) e Francis Bacon (1561-1626). Começa na dúvida, no naturalismo, no empirismo. Começa ao tomar o rumo do próprio íntimo (Montaigne), da natureza (Giordano Bruno) e da experiência (Bacon, que é o exato contemporâneo de Galileu). É uma nova revolução, que reata com a dos antigos. Montaigne louva Sócrates por ter este reconduzido a filosofia do "céu, onde ela perdia seu tempo", para "o homem, no qual está sua mais justa e laboriosa faina, e mais útil". Mas ele mesmo vai mais longe, reconduzindo-a a "Michel, que nos toca ainda mais de perto que o homem". E o que encontra aí? A humanidade inteira, a razão

A FILOSOFIA E SUA HISTÓRIA

sem provas, a natureza sem limites. Tal Renascimento, longe de prolongar a Idade Média, é de uma modernidade que nós ainda não acabamos de esgotar. O "mundo fechado" de uma certa Antiguidade e da Idade Média está morto; o universo se abre para o infinito, isto é, para si mesmo. A Igreja nada poderá contra isso[30]. A Inquisição nada poderá. Montaigne e Galileu serão colocados no Índex; Giordano Bruno é queimado vivo. Mas eles são imortais, ao passo que seus juízes já foram esquecidos.

Como escapar a Montaigne? Como escapar ao ceticismo, ao relativismo, a uma subjetividade tanto mais envolvente quanto se sabe inapreensível e errática? Como encontrar o próprio lugar num universo doravante infinito? Como reencontrar um fundamento, uma certeza, um absoluto?

Pela fé, caminho de Pascal (1623-1662), ou pela razão, caminho de Descartes (1596-1650). O mais moderno dos dois não é aquele que se costuma acreditar como tal.

De início, Descartes aparenta duvidar de tudo. Nisso vê a prova de sua existência (para duvidar, é preciso ser), de sua essência (como "coisa pensante", isto é, como espírito), e um critério de verdade: tudo o que eu concebo tão clara e distintamente como o *cogito* ("penso, logo sou") pode legitimamente ser tido por certo. Era instalar-se numa filosofia do sujeito, para não mais sair dela. Eis-nos desembaraçados da dúvida. Todo o resto do sistema será apenas uma longa "cadeia de razões" ou de certezas, que pretende demonstrar a existência de Deus, do mundo e da alma (enquanto realmente distinta do corpo) – ou seja, muito de perto, a verdade do cristianismo. "Descartes",

---

30. Ver o livro, há muito tempo clássico, de Alexandre Koyré, *Du monde clos à l'univers infini*, 1947; trad. fr., PUF, 1962, Gallimard, 1973.

49

A FILOSOFIA

dirá Péguy, "esse cavaleiro francês que partiu com tão bom passo..." Mas era para retornar a si mesmo.

A posteridade conservará dele sobretudo um método e um ideal. O método, que confia unicamente na "luz natural", toma por modelo a matemática. Apóia-se principalmente sobre a evidência (na intuição) e sobre a certeza (na dedução), sobre a análise (reconduzir o composto ao mais simples) e sobre a síntese (passar do simples ao composto). Quanto ao ideal, é um ideal de ordem e de clareza, que faz de Descartes um clássico e o coveiro, após Montaigne, da escolástica. Eis o mundo reduzido à extensão e ao movimento – purgado de seus fantasmas e de outras "qualidades ocultas". Essa é a verdadeira modernidade de Descartes, pela qual ele anuncia a ciência futura, mesmo quando a sua é falsa. Ele desvencilhou o mundo do divino, do mágico, e até do mistério.

Pascal leva a modernidade mais longe. Ele leu Montaigne. Deste, retém que nós não temos acesso, exceto pela Revelação, nem ao Verdadeiro absoluto nem ao Bem absoluto. O ceticismo e o relativismo seriam nosso quinhão, se disso fôssemos capazes. Mas isso não ocorre: nós não podemos nem saber absolutamente nem duvidar absolutamente. Para a glória do pirronismo, que triunfa na impossibilidade de seu triunfo. Contra isso, não se trata nem um pouco de reencantar o mundo. O "silêncio eterno" dos espaços infinitos não oferece nem sentido nem salvação. O erro de Descartes foi o de ter reduzido Deus ao seu papel metafísico, e até mecânico ("dar um piparote, para pôr o mundo em movimento"), o de ter-se ocupado apenas do Deus dos filósofos e dos doutos, esquecendo o único que realmente conta, aquele de Abraão e de Jacó,

A FILOSOFIA E SUA HISTÓRIA

aquele de Jesus Cristo, aquele do coração e da fé. Pascal, matemático e físico de exceção, não se deixa lograr nem pelas ciências (ele vê com clareza que o absoluto escapa necessariamente a elas) nem pelas pretensas "provas" da existência de Deus. Prefere colocar-nos diante de nossa miséria, diante de nossa grandeza (é preciso ser grande para saber-se miserável), mostrar-nos que nenhuma felicidade nos é possível, exceto a fé, nem nenhuma justiça, nem nenhuma certeza; enfim, que somente Deus – e um só Deus: o de Jesus Cristo – pode nos salvar. O espantoso é que ele o faz com um tal gênio, tanto literário quanto filosófico, com uma tal profundidade, com uma tal penetração, especialmente psicológica, que nisso se reconhecerão, à parte a fé, vários ateus, que verão nos *Pensamentos* a descrição mais exata da condição humana, perdidos que estamos dentro do infinito, fadados ao divertimento ou à angústia, à ilusão ou ao desespero. Pascal ou a tragédia do existir... Fez-se dele um precursor do existencialismo. Mas Pascal é muito mais. É "o maior dos cristãos", dirá Nietzsche, e sem dúvida também o maior dos franceses, e tanto mais considerável, como filósofo, quanto jamais acreditou na filosofia. É um mestre de lucidez, de "gênio assustador" (Paul Valéry) e fascinante. Não se escapa a Pascal. Resta resistir-lhe, se possível.

Na descendência de Descartes, houve dois anti-Pascal geniais: Espinosa (1632-1677) e Leibniz (1646-1716).

O primeiro, judeu de origem ibérica, vivia na Holanda do Século de Ouro. É o exato contemporâneo de Vermeer, e às vezes faz lembrá-lo, por uma certa luz, por uma certa paz, digamos por um certo modo de apreender as coisas *sub specie aeternitatis* (do ponto de vista da eternidade).

A FILOSOFIA

"Por realidade e por perfeição", dizia Espinosa, "eu entendo a mesma coisa." É o que Vermeer mostra, parece-me. Mas vamos ao sistema. Ele está exposto na *Ética*, escrita à maneira dos geômetras, por definições, axiomas, proposições e demonstrações. É um monismo naturalista ou panteísta. Existe uma única substância, que é infinita e comporta um número infinito de atributos infinitos (destes, só conhecemos dois: a extensão e o pensamento), nos quais se encontra, "numa infinidade de modos, uma infinidade de coisas, isto é, tudo". Essa substância pode ser chamada Deus (mas um Deus que não é nem criador nem pessoal) ou Natureza (*"Deus sive Natura"*). Nada existe fora dela, que só existe e age "unicamente pela necessidade de sua natureza". Ela não depende de nada (é "causa de si"); tudo depende dela. Imanentismo absoluto: necessitarismo absoluto. O real é tudo; o possível só existe para a imaginação. Nem transcendência nem contingência. Nem finalidade nem livre-arbítrio. Nem sobrenatural nem graça. Há apenas a Natureza e o esforço de existir: há apenas a infinita produtividade do real. E não há outra liberdade em nós que não a compreensão verdadeira daquilo que é (a razão). Naturalismo integral; racionalismo absoluto[31]. É o contrário de um niilismo. Não há valores absolutos, mas nem tudo, para nós, tem o mesmo valor. Pois o espinosismo é também uma filosofia do desejo e da alegria. É de fato o desejo, e não a razão, que constitui "a própria essência do homem", seu *conatus* (a tendência de todo ser a perseverar em seu ser), sua potência de existir e de agir. Essa potência aumenta? É o que chamamos de alegria. Di-

---

31. Essas duas expressões são de M. Gueroult, em seu monumental *Spinoza*, t. 1, Aubier-Montaigne, 1968, p. 9.

minui? É o que chamamos de tristeza. Segue-se uma espécie de física dos afetos, que é a psicologia verdadeira. Faz parte de nossa essência desejar a alegria e, portanto, o amor (pois "o amor é uma alegria acompanhada pela idéia de uma causa exterior"). A filosofia tende a nos dar os meios de satisfazer esse desejo. Assim, ela culmina no amor intelectual a Deus, isto é, a tudo, que é a beatitude. Pascal (que Espinosa não havia lido) não tem razão. O homem não está fadado nem ao divertimento nem ao nada. É verdade que ele morrerá; mas é capaz – aqui, agora e todavia "com uma espécie de eternidade" – de conhecer, de agir e de amar. É isso que o abre à salvação ou à sabedoria. A pessoa não nasce livre; torna-se livre. A pessoa não se torna eterna; ela o é.

Leibniz, com uma genialidade pelo menos igual, não compartilha nem o pessimismo de Pascal, a quem ignora ou menospreza, nem o naturalismo de Espinosa, que o choca. Como Descartes, ele pretende demonstrar a existência de um Deus transcendente; mas, contra Descartes, submete a liberdade, em Deus, à sua bondade: um Criador perfeitamente bom só pode querer o melhor. Nosso mundo, apesar de seus defeitos ostensivos ou acessórios, é portanto "o melhor dos mundos possíveis". É o que se chama de otimismo leibniziano, do qual é fácil zombar, como fará Voltaire, mas que ninguém, entre os crentes, refutou verdadeiramente. É o contrário da Natureza espinosista, que age para além do bem e do mal. Leibniz, no entanto, também parte da noção de substância; mas a individualiza (cada substância é um ser "simples, isto é, sem partes"), torna-a complexa (cada uma envolve em si o conjunto daquilo que ela é ou que lhe acontecerá) e a multiplica ao

A FILOSOFIA

infinito (existem tantas quantos são os seres individuais: uma infinidade). É o que ele chama as *mônadas*, que são "os verdadeiros átomos da natureza" ou "os elementos das coisas". Mas são átomos espirituais. Cada mônada, consciente ou não, tem sua espontaneidade interna (o dinamismo leibniziano se opõe ao mecanicismo cartesiano: a força, e não a extensão e o movimento, é a base da natureza), cada uma tem suas percepções, que exprimem todo o universo, sem que para isso ela precise sair de si mesma ou agir sobre as outras. As mônadas são "sem porta nem janela". Somente Deus – qual um compositor que também fosse regente de orquestra – organiza o conjunto delas (de tal modo que "se expressem entre si" e que haja entre elas uma "harmonia universal"). Assim, tudo vive, tudo está cheio de almas, desde as "mônadas nuas", que não se apercebem de que percebem (são como almas "aturdidas" ou inconscientes), até os seres humanos, que são mônadas dotadas de memória, de inteligência e de vontade (espíritos). A matéria, sendo divisível, não pode ser uma substância; a união da alma e do corpo é apenas "a harmonia preestabelecida" entre a mônada que eu sou (minha alma) e as mônadas cuja unidade ela assegura (meu corpo). É um caso particular da "variedade reduzida à unidade", isto é, da harmonia. Deus é sua fonte e seu fiador. Até minha liberdade faz parte do plano dele: as dissonâncias concorrem para a beleza do conjunto; o Mal é apenas a sombra do Bem.

Ao discutir com Clarke e Arnauld, ao lutar contra Descartes, Espinosa ou Locke, Leibniz, de língua alemã mas que escreveu em francês suas maiores obras-primas, talvez seja o mais europeu de nossos filósofos. Ele é sem dúvida

A FILOSOFIA E SUA HISTÓRIA

o último a sê-lo de maneira absoluta. No decorrer do século XVIII, a filosofia perde parte de sua bela unidade, para distribuir-se, se assim pudermos falar, num certo número de tradições nacionais, que não podemos acompanhar aqui. Delas retêm-se principalmente três, que vão dominar a cena até o século XX inclusive: a francesa, a britânica (que se prolongará nos Estados Unidos) e a alemã. Não, é claro, que algum filósofo seja prisioneiro de seu país ou de seus genes. Nietzsche gostava de vangloriar-se de filosofar "à francesa"; e vários filósofos franceses se esforçarão, com menos talento, por filosofar "à alemã". A razão não tem fronteiras. Por que a filosofia as teria? Mas cada uma tem um passado, ou vários, de que é herdeira ou que ela escolhe para si. Cada uma tem uma língua, que não é indiferente. Cada uma tem problemas que a ocupam ou que ela ignora, conceitos que ela privilegia, modos de reflexão ou de argumentação que a singularizam... Procuremos reduzir essas três tradições aos respectivos cumes primordiais; isso basta para atestar que a tradição francesa (Montaigne, Descartes, Pascal...) se distingue efetivamente da tradição britânica (Hobbes, Locke, Hume...), a qual não se pode confundir com a tradição alemã (Leibniz, Kant, Hegel...). Um humorista anônimo e culto soube dar, dessas três tradições, uma formulação divertida, que não pode ser levada totalmente a sério mas que nem por isso deixa de ir ao encontro de pelo menos uma parte da realidade, ou seja, aqui, da história:

> Um francês, um inglês e um alemão foram encarregados de um estudo sobre o camelo.
> O francês dirigiu-se ao Jardin des Plantes, passou lá uma meia hora, interrogou o vigia, jogou pão para o camelo,

A FILOSOFIA

cutucou-o com a ponta do seu guarda-chuva e, tendo voltado para casa, escreveu, em seu diário, um folhetim cheio de bosquejos picantes e espirituosos.

O inglês, carregando sua cesta de chá e um confortável material de acampamento, foi plantar sua barraca nos países do Oriente. Após uma temporada de dois ou três anos, trouxe de lá um espesso volume recheado de fatos sem ordem nem conclusão, mas de verdadeiro valor documental.

Quanto ao alemão, cheio de desprezo pela frivolidade do francês e pela ausência de idéias gerais do inglês, fechou-se em seu quarto para ali redigir uma obra em vários volumes intitulada: *A idéia de camelo, extraída da concepção do Eu*.[32]

É apenas uma piada, que, como sempre, só é engraçada pela parte de verdade que comporta.

Essas três tradições distinguem-se de saída pelo estilo, que, porém, já expressa por si só uma relação específica com o sujeito filosofante. A filosofia francesa é preferencialmente uma filosofia em primeira pessoa, muitas vezes com um forte componente autobiográfico. As *Meditações metafísicas* de Descartes são antes de tudo "a história de um espírito", como dizia Ferdinand Alquié; os *Ensaios* de Montaigne são um auto-retrato filosófico; e os *Pensamentos* de Pascal, mesmo condenando o "tolo projeto que Montaigne teve de pintar a si mesmo", dão a conhecer "um homem", como diz Pascal, mais que um autor – coisa com que Locke ou Hegel não se preocupavam. E o que dizer das *Confissões* de Rousseau, do *Diário* de Maine de Biran ou de *As palavras* de Sartre? Daí, em muitos dos filósofos

---

32. *Le Pèlerin*, 1º de setembro de 1929, p. 13 (citado em epígrafe por L. Ferry e A. Renaut, *La pensée 68*, Gallimard, 1985, p. 9).

A FILOSOFIA E SUA HISTÓRIA

franceses, uma espécie de humildade especulativa (quando a pessoa fala de si, é difícil tomar-se por Deus: os autores de sistema, na França, são bastante raros), um modo de dirigir-se ao grande público mais que aos especialistas (é o que Nietzsche denominava "a bela clareza francesa"), e uma busca formal mais voltada para a qualidade da escrita ("o estilo é o homem") do que para as exigências técnicas de uma pretensa demonstratividade. Seria preciso entrar nos detalhes. Constatemos simplesmente, já que não podemos nos demorar mais nesse tema, que vários dos maiores filósofos franceses também estão, na França, entre os maiores escritores. É esse, eminentemente, o caso de Montaigne e Pascal, mas também de Montesquieu, de Voltaire, de Rousseau, de Diderot, de Alain, de Sartre. Mesmo aqueles dentre esses filósofos que não alcançam um tal nível literário são com freqüência escritores talentosos: vejam-se Descartes, Malebranche, Maine de Biran ou Bergson. Entre os grandes filósofos franceses, quase não conheço ninguém, afora Auguste Comte, que escreva mal. Vejo nisso uma das explicações da espécie de menosprezo entediado do qual esse imenso espírito continua a ser objeto em seu país. Na França, a filosofia é quase um gênero literário. Pecar contra o estilo já é pecar contra o espírito.

Na Inglaterra ou na Alemanha, nada há de semelhante. Seus maiores filósofos não estão (à exceção de Nietzsche, que preferia os moralistas franceses) entre seus maiores escritores, tanto quanto seus maiores escritores não estão entre seus filósofos. É que a relação com o eu não é a mesma. Na tradição britânica, o sujeito filosofante é antes aquele, anônimo, de uma experiência possível. Pela mesma razão, a clareza é de bom grado impessoal: é a de

57

A FILOSOFIA

uma argumentação, que não precisa seduzir para convencer nem ser singular, à maneira de um Montaigne, para atingir a universalidade. Isso poderia explicar por que a tradição britânica ou anglo-saxônica será tão freqüentemente objeto, na França, de uma espécie de desdém ridículo. Nossos estudantes ignoram quase tudo de Locke, só retêm de Hobbes a apologia do poder e, de Hume, o fato de ele ter despertado Kant, é este último quem o diz, de seu sono dogmático... Eu mesmo, aliás, ao sobrevoar em linhas gerais a história da filosofia moderna, não omiti o materialismo de Hobbes (1588-1679), o empirismo de Locke (1632-1704), o imaterialismo de Berkeley (1685-1753)? Em 126 páginas, não se pode falar de tudo. Mas devo forçosamente reconhecer que eu também reproduzo uma certa visão continental e universitária da história da filosofia. Por chauvinismo? Não muito, parece-me. Aliás, a "grande" filosofia moderna, vista da Universidade francesa, seria antes a alemã.

Esta, vista de fora, impressiona de saída por sua tecnicidade, por sua dificuldade, por sua sistematicidade: é uma filosofia para especialistas. Também aqui, o estatuto do sujeito filosofante contribui para a explicação. No belo "Que sais-je?" que consagrou à filosofia clássica alemã, um de seus melhores intérpretes aponta várias vezes, como principal tendência dela, a afirmação da "unidade da singularidade e do todo, do Eu e do absoluto, da subjetividade e do ser", pretendendo-se essa filosofia, por conseguinte, "o pensamento de si do absoluto no pensador alemão"[33]. Uma

---

33. B. Bourgeois, *La philosophie allemande classique*, PUF, "Que sais-je?", 1995, pp. 19 e 53 (ver também as pp. 9, 24, 30, 72, 79 e 122-4). Émile Bréhier, em sua *Histoire de la philosophie allemande* (Vrin, 1933, p. 181) já assinalava que "o eu, como o conceberam Kant ou Fichte, não é um indivíduo mas uma atividade universal imanente às coisas".

A FILOSOFIA E SUA HISTÓRIA

tal pretensão, que se pode julgar exorbitante, não funciona sem muita abstração, muita tecnicidade, e mesmo sem uma certa complacência (por exemplo, em Fichte, Schelling ou Hegel) pelo virtuosismo especulativo ou cheio de jargão – quando não, dirão os refratários, pela obscuridade ou pela presunção. Qualquer indivíduo normalmente culto pode ler Descartes ou Pascal, Hobbes ou Locke. Desde que se aplique, compreenderá deles o essencial. Não creio que se possa compreender Fichte ou Hegel sem antes ter feito sólidos estudos de filosofia. Isso não diz nada sobre o gênio de uns e de outros, mas diz muito sobre seu modo de exercê-lo.

Hume (1711-1776), que é sem dúvida o maior dos filósofos britânicos, é um caso particular. Ele soube encontrar uma espécie de meio-termo entre aquilo a que chamava "a filosofia fácil e clara", que agrada ao grande público, e "a filosofia precisa e abstrusa", que só se dirige aos especialistas ou aos crédulos. Seu empirismo radical desemboca num ceticismo moderado. Tudo, no espírito humano, não passa de impressões ou de idéias, sendo estas apenas "as imagens apagadas" daquelas. Assim, jamais se conhece o mundo tal como é, mas somente as percepções que temos dele. Como saber se elas são verdadeiras, porquanto só podemos compará-las com outras percepções? O real, necessariamente, escapa. Todo pensamento é crença: até mesmo o princípio de causalidade, tão essencial às ciências, ou a crença na identidade pessoal, tão essencial a uma certa metafísica, são apenas o efeito em nós de uma "associação costumeira de idéias". Isso não nos impede de jantar, de jogar gamão ou de filosofar com os amigos. O ceticismo é sem apelação, mas é isso que o impede (pois um verdadeiro cético deve desconfiar também de suas dúvidas) de aspirar ao absoluto. Daí o gênio tão particular de Hume, cheio de fulgurâncias na argumentação, de radicalidade nas teses e de humanidade nas conclusões.

Como lembrei há pouco, foi a leitura de Hume que despertou Kant de seu "sono dogmático". Isso nos reconduz à filosofia alemã. Esta culmina, depois de Leibniz, em Kant (1724-1804) e Hegel (1770-1831). É aí que se remata a filosofia moderna.

O próprio Kant pensou seu criticismo com base no modelo da "revolução copernicana". Mas, na verdade, trata-se de uma *contra-revolução* copernicana: Kant repõe filosoficamente o sujeito no centro (do conhecimento, da moral, da estética), de onde Copérnico o expulsara fisicamente. Por aí passaram as Luzes, sem dúvida úteis contra o fanatismo, mas que ameaçam levar, como se viu na França (com Diderot, La Mettrie, d'Holbach, Helvétius), ao materialismo, ao ateísmo ou à "incredulidade dos livre-pensadores". Contra isso Kant quer restabelecer, e o diz expressamente, os direitos da esperança e da fé. Para isso, necessita "limitar o saber", e tal é o objeto da *Crítica da razão pura*.

Não, é claro, que Kant seja um cético. As ciências existem. Mas falta entender o que as torna possíveis. Uma vez que são universais e necessários, os julgamentos que elas enunciam não podem derivar somente da experiência. É preciso que haja neles, pelo menos de direito, um elemento anterior a toda experiência, e que a possibilite. O quê? Aquilo que Kant denomina o transcendental, isto é, as condições inempíricas, no sujeito, da empiricidade e, portanto, da objetividade: as formas *a priori* da sensibilidade (o espaço e o tempo) e do pensamento (as categorias do entendimento). Assim, só podemos conhecer as coisas tais como elas são *para nós* (como fenômenos), jamais como são *em si* ou para um puro espírito (como *númenos*). Justamente isso que torna as ciências possíveis impede-as, portanto, de aspirar ao absoluto. "Nós só conhecemos *a priori* das coisas aquilo que nós mesmos colocamos nelas", escreve Kant, e não haveria conhecimento de outro modo. Portanto, é ilusória toda metafísica dogmática que pretendesse conhecer o supra-sensível; a verdadeira metafísica (a de Kant) é apenas o conhecimento das condições *a priori* da experiência. Ela não nos ensina nada sobre Deus, sobre a alma ou sobre o mundo, a não ser a incapacidade em que estamos de conhecê-los de maneira absoluta. É isso que autoriza a pensar que "o homem pertence a dois mundos", tal como, a seu modo, Platão havia visto: um, sensível, no qual tudo está determinado, e outro, inteligível, no qual nós somos livres. Assim está salva a moral, que salva a religião.

O absoluto, se não pode ser conhecido, pode efetivamente ser pensado. Deus, a imortalidade da alma e a liberdade da vontade são tão irrefutáveis quanto indemonstráveis. Pode-se portanto, e até é preciso, acreditar neles: para um sujeito moral, essa é a única maneira de escapar ao absurdo e ao desespero. Pois a moral, como as ciências, é um dado de fato. Quanto a isso, é Rousseau quem tem razão. É preciso então que nós sejamos livres (para que o dever seja possível), e que haja um Deus e uma vida após a morte (para que a moral possa vencer). Esses "postulados da razão prática" abrem-nos assim – mas só de modo subjetivo – para o absoluto. Isso é o que foi denominado a "dimensão de esperança" do kantismo, e uma das inclina-

A FILOSOFIA

ções decisivas da modernidade: já não é a religião que fundamenta a moral, é a moral que fundamenta a religião.

Falar desse imenso gênio (quem sabe o maior, em filosofia, depois de Aristóteles?) em poucas linhas é fazer-lhe uma injúria. Mas seria uma injúria ainda maior, ou uma covardia, não dizer nada sobre ele.

Quanto a Hegel, o embaraço é redobrado. Sobre aquele que quis pensar tudo, como dar apenas um bosquejo? Seu pensamento é dialético, isto é, fundamentado na unidade dos contrários (assim, o ser puro e o nada puro se equivalem) e na superação deles numa síntese superior (por exemplo o devir, unidade do ser e do nada). É Heráclito que renasce, mas num pensamento que quer retomar a totalidade da história da filosofia, e até da História em geral, integrando-a ao seu sistema. Este último, que Hegel denomina idealismo absoluto, comporta três momentos, que são como que o autodesenvolvimento da Idéia: a Lógica (a Idéia desenvolvendo-se em si, em sua pura interioridade abstrata), a filosofia da Natureza (a Idéia desdobrando-se para fora de si) e a filosofia do Espírito (a Idéia retornando "de sua alteridade a ela mesma", conservando porém, em sua interioridade concreta, aquilo que ela pensa e ultrapassa, a saber, a lógica e a natureza). O leitor terá reconhecido o ritmo tão característico da dialética hegeliana: tese, antítese, síntese... É como uma nova Trindade, mas que teria a forma de uma boneca russa. De fato, cada um desses momentos subdivide-se por sua vez em três: teoria do ser, da essência e do conceito, para a lógica; mecânica, física e orgânica, para a filosofia da natureza; finalmente, para a filosofia do espírito, o espírito subjetivo (que permanece em si: a alma, a consciência, o espírito), o

espírito objetivo (que se realiza fora de si: direito, moralidade, socialidade, culminando esta última no Estado) e o
espírito absoluto (que retorna a si integrando aquilo que
ele ultrapassa: a arte, a religião, a filosofia). O absoluto
não é Substância, como acreditava Espinosa, mas Sujeito
ou Espírito: ele é o próprio real, na racionalidade finalmente revelada de seu devir ("O que é racional é real, o
que é real é racional"), na historicidade finalmente cumpri-
da de sua liberdade. "O verdadeiro é o todo. Mas o todo é
apenas a essência que se cumpre por seu desenvolvimento. Do Absoluto, deve-se dizer que ele é essencialmente
resultado, isto é, que somente no fim ele é o que é na verdade; nisso consiste propriamente sua natureza, que é a de
ser realidade efetiva, sujeito ou desenvolvimento de si
mesmo." É uma história que se sabe razão, uma razão que
se sabe história. A loucura? As paixões? A violência? O cho-
que dos egoísmos? São apenas "astúcias da razão", pelo
que ela se realiza, dialeticamente, zombando de seus contrários. No fim, não há mais que a Idéia ou o real, que formam apenas um e constituem "o único ideal". Tal é o
Saber absoluto (ou seja, como já se compreendeu, o próprio hegelianismo): "o espírito sabendo-se ele mesmo
como espírito" (não se trata de saber tudo, mas de saber o
Todo), que é o próprio absoluto sabendo-se. A História é a
Providência verdadeira; a filosofia, uma "teodicéia". Alguns
concluirão daí – talvez depressa demais – que a própria
História é Deus, de quem Hegel seria o profeta.

Mesmo reduzido às suas linhas gerais, o sistema é impressionante. Menos, contudo, do que o detalhe, de uma
riqueza, de uma profundidade e de uma dificuldade ines-
gotáveis. É um dos cumes do pensamento, que pretende

A FILOSOFIA

sobressair-se de todos os outros. É normal que às vezes se respire nele com dificuldade.

5. A FILOSOFIA CONTEMPORÂNEA

Nossos historiadores fazem a época contemporânea começar em 1789. Mas "a coruja de Minerva se levanta ao crepúsculo". A frase, que é de Hegel, também vale para ele mesmo: Hegel remata a filosofia moderna mais que inaugura a filosofia contemporânea, que começaria preferencialmente na vontade, entre os maiores, de escapar ao Sistema. Quando o pensamento acredita ter atingido o saber absoluto, o que fazer? Rejeitar essa pretensão, e continuar a filosofar.

A rejeição pode ser feita – entre outras maneiras – em nome do indivíduo, da vida, da história, do inconsciente, da consciência, da liberdade, da linguagem, das ciências... Assinalemos rapidamente alguns desses momentos.

Auguste Comte (1798-1857) não teve de rejeitar Hegel. Contenta-se com ignorá-lo. Inventa, também ele, um sistema monumental, aliás de inspiração igualmente histórica, mas de espírito totalmente diferente. Sua famosa "lei dos três estados" revela a orientação de tal sistema. A "marcha geral do espírito humano" passa por três fases sucessivas, que são como a infância, a adolescência e a maturidade dele: o estado teológico ou fictício (por sua vez subdividido em três estágios: fetichismo, politeísmo, monoteísmo); o estado metafísico ou crítico, que é o da abstração dissolvente; por fim, o estado científico ou positivo, que por toda parte substitui o absoluto pelo relativo e "a inacessí-

A FILOSOFIA E SUA HISTÓRIA

vel determinação das causas" pela busca das leis (isto é, das "relações constantes" entre os fenômenos). Ser positivista, nesse sentido, é renunciar à pergunta "Por quê?" para fazer-se apenas a pergunta "Como?". A classificação das ciências, que vai do simples ao complexo e do geral ao particular, é o segundo pilar do sistema. As seis ciências fundamentais (matemática, astronomia, física, química, biologia, sociologia) formam uma série hierarquizada: cada uma delas depende daquela que a precede e permite aquela que se segue, da qual ela não poderia fazer as vezes. Essas ciências, contudo, são apenas um meio, não o fim. A última, que Auguste Comte inventa e batiza, desemboca numa política ("A Ordem por base, o Progresso por fim") e numa religião, que é um culto à Humanidade em geral e aos grandes homens em particular. Desembocadura duvidosa, mas que não pode anular a imensidão do trabalho que conduz até lá.

Rejeitar o saber absoluto em nome do indivíduo? É o que farão Stirner (1806-1856) e Kierkegaard (1813-1855). O primeiro não acredita em nada – nem em Deus nem no Homem. Só acredita no nada que ele é (o eu: "o Único"). Sua singularidade lhe faz as vezes de programa. Seu niilismo é um egoísmo anti-humanista.

O segundo, como um novo Pascal, só acredita no absoluto, que não pode se dissolver, nem mesmo se integrar, em qualquer *saber* que seja. Absolutez da existência subjetiva (Kierkegaard, mais que Pascal, é o verdadeiro precursor do existencialismo), absolutez de Deus, absolutez da relação entre eles ("o indivíduo está numa relação absoluta com o absoluto")... A vida não é um sistema, e sim uma aventura. Questão não de idéias mas de estágios: o estágio

A FILOSOFIA

estético, feito de intensidades descontínuas (Don Juan); o estágio ético, que é o do engajamento e da fidelidade (o casamento); o estágio religioso, que é o da fé (Abraão). Passa-se de um estágio a outro não por dedução ou síntese mas por um *salto*, que se pode no máximo preparar ou antecipar: pela ironia (entre o primeiro estágio e o segundo) ou pelo humor (entre o segundo e o terceiro). Mas é a fé, e não o humor, que salva.

Pode-se também rejeitar o sistema em nome da vida: é o caso de Schopenhauer (1788-1860), Nietzsche (1844-1900) ou Bergson (1859-1941). Mas o que é a vida? Para Schopenhauer, é uma força cega e inconsciente, a *vontade de viver*, que só tende para si mesma. O mundo é seu sonho; o corpo, seu sintoma; a história, seu balbucio. Tudo é um (a multiplicidade só existe na representação) e tudo é vão. A vida é absurda por natureza: nós só sabemos sofrer (quando desejamos aquilo que não temos) ou entediarnos (quando não sofremos mais). Isso desemboca numa das frases mais tristes de toda a história da filosofia: "A vida oscila, como um pêndulo, da direita para a esquerda, do sofrimento ao tédio." A única sabedoria é a de livrar-se desse ciclo, não pelo suicídio, que permanece submetido à vontade de viver, mas pela contemplação estética ou mística. Esta última palavra, no teórico do pessimismo, não deve enganar: é uma mística da imanência, muito próxima, como admitiu o próprio Schopenhauer, das místicas orientais. Toda vida é sofrimento; toda sabedoria, renúncia.

Nietzsche, que foi de início um discípulo de Schopenhauer, afasta-se dele rapidamente. A vida é *vontade de poder*. Toda sabedoria que pretende escapar-lhe trai um medo do combate ou uma denegação da própria fraqueza:

66

é apenas moral de escravos, niilismo ou ressentimento. A posição de Nietzsche é oposta: subverter todos os valores (para reencontrar a moral dos mestres), rejeitar o idealismo, os bons sentimentos e a consciência de culpa (a "moralina"), viver para além do bem e do mal, pensar para além do verdadeiro e do falso, afirmar em tudo os direitos da vida, do "grande estilo" (o nietzschianismo é um estetismo) e da força. Pensamento fascinante e perigoso, que sem dúvida faz de Nietzsche, gênio multiforme, o maior sofista dos tempos modernos. Ele se vangloria de filosofar "a golpes de martelo". Mas é o martelo do escultor e do médico (para testar os reflexos), pelo menos tanto quanto do iconoclasta. "Nós temos a arte", dizia, "para não morrer da verdade." É um filósofo-artista, de quem se pode dizer o que ele mesmo afirmava sobre o "artista trágico": "Ele não é pessimista; diz *sim* a tudo o que é problemático e terrível, ele é *dionisíaco*." Nietzsche ensina a amar a vida mais que a felicidade, o combate mais que a paz, a dança mais que a sabedoria. Mestre libertador, desde que a pessoa se liberte inclusive dele mesmo.

Com o gênio doce e sutil de Bergson (sem dúvida o maior filósofo francês desde Pascal), muda-se de universo. A vida, longe de ser cega, é intrinsecamente finalizante (mais que finalizada). Ela aspira menos ao poder do que à liberdade. É uma "evolução criadora", que tende, embora por caminhos imprevisíveis, para uma espiritualização crescente. O bergsonismo é um dualismo, mas que é menos substancial do que direcional. O espírito? É a consciência, a memória, a liberdade, isto é, a duração mesma (que não se deve confundir com o tempo espacializado dos cientistas), na medida em que esta se inventa e se con-

A FILOSOFIA

serva a partir de dentro. É o elã vital em sua tensão criadora. A matéria? É o elã vital que se afrouxa, recai e se exterioriza, como uma inversão e uma espacialização da "duração pura". Resta então coincidir, o máximo que se puder e a partir de dentro, com essa "criação contínua de imprevisível novidade" que é o verdadeiro sentido da vida: tais são a intuição como método, a liberdade como ato e o misticismo como horizonte. "O universo é uma máquina de fazer deuses"; o bergsonismo é um espiritualismo evolucionista.

Rejeitar o sistema hegeliano em nome da história? É o movimento paradoxal de Marx (1818-1883), que só subverte a dialética, num sentido materialista (ele a "repõe sobre seus pés"), para cumpri-la, num sentido revolucionário. "Não é a consciência dos homens que determina o ser deles; inversamente, seu ser social é que determina sua consciência." Assim, é preciso conhecer a sociedade para compreender o homem, e transformá-la para libertá-lo. Para isso, Marx fará cada vez menos filosofia e cada vez mais economia e política. A verdadeira filosofia é *práxis*, mais que teoria: "Os filósofos não fizeram mais que interpretar o mundo de diversas maneiras; o que importa é transformá-lo." A maioria dos filósofos marxistas, contudo, preferirá interpretar Marx. Daí muitas capelas, muitos dogmatismos, muita escolástica... Isso em nada diminui o gênio de Marx, o qual havia prevenido que não era marxista.

Freud (1856-1939) é filósofo? Ele mesmo nunca pretendeu isso. Mas aproxima-se da filosofia (afora o que nos ensina sobre o homem) pela suspeita que faz pesar sobre ela: e se a filosofia não fosse, ela também, mais que uma expressão – sublimada, racionalizada – de desejos inconscientes? É isso que faz de Freud, com Nietzsche e Marx,

A FILOSOFIA E SUA HISTÓRIA

um dos três "mestres da suspeita" que vão trabalhar toda a filosofia do século XX. A consciência, que tradicionalmente era tomada por princípio de verdade, tende a deixar de ser princípio de ilusão. Queriam-na transparente a si mesma; ei-la opaca e mentirosa.

A essa suspeita generalizada, os maiores filósofos, ao longo do século XX, irão empenhar-se em responder. Mais freqüentemente, farão isso do ponto de vista da consciência mesma, seja ela apreendida sobretudo como vontade (Alain), intencionalidade (Husserl), existência (Jaspers), abertura (Heidegger), liberdade (Sartre), percepção (Merleau-Ponty) ou responsabilidade (Levinas). Os seis últimos valeram-se da fenomenologia, que quer descrever "as coisas mesmas", tais como aparecem à consciência. Na filosofia continental desse século, essa foi sem dúvida a corrente dominante. "Toda consciência é consciência de alguma coisa": é o que Husserl denomina intencionalidade, que nos impede de coincidir de modo absoluto com o ente que nós somos (o que Heidegger chama o *Dasein* [ser-aí]), ou antes que nós não *somos*, no sentido em que as coisas são, visto que temos de sê-lo (é o que Sartre denomina o nada ou o para-si). Na França, isso desembocará no existencialismo, que é uma filosofia da liberdade, como já se via em Alain (em quem Jean Hyppolite descobria, não sem uma certa penetração irônica, "o verdadeiro fundador do existencialismo"), mais aberta, porém, à angústia do que à felicidade. O talento multiforme de Sartre domina a cena. Na França, durante toda a segunda metade do século XX, ele será o "contemporâneo capital". Sartre faz a ligação entre Descartes e Heidegger, mas também, graças aos seus romances e às suas peças teatrais, entre a filosofia e o

69

A FILOSOFIA

grande público. *A náusea*, especialmente, é sem dúvida o mais belo romance filosófico francês, desde o inesquecível *Jacques o fatalista* de Diderot.

Eu falava de "filosofia continental"... Isso porque, no século XX, a filosofia se cindiu em dois blocos muito diferentes, que se combateram menos do que se ignoraram ou se desprezaram: a filosofia dita "continental", que acabamos de evocar, e a filosofia "analítica", influente sobretudo nos países anglo-saxônicos e escandinavos. Esta última se vale de Hume mais que de Descartes, de Frege (1848-1925) mais que de Kant, de Russell e Wittgenstein mais que de Nietzsche ou de Heidegger. É de inspiração ao mesmo tempo empirista e lógica (embora o "empirismo lógico", tal como o vemos em Carnap, fosse apenas uma de suas correntes). Privilegia a análise, tanto lógica quanto lingüística, em relação à síntese, invoca o realismo mais que o idealismo, interessa-se mais pela atualidade das ciências do que pelo passado da filosofia, e por fim atribui mais importância à clareza e ao rigor da argumentação do que à profundidade, real ou suposta, da visão. É outra maneira de opor-se a Hegel: em nome da lógica, da linguagem ou das ciências, de preferência ao da vida, da história ou da subjetividade.

Isso começa talvez em Cambridge, onde Moore (1873-1958) e Russell (1872-1970), aos quais logo adere um discípulo genial e indócil, o austríaco Ludwig Wittgenstein (1889-1951), trabalham juntos, se não sempre em harmonia, sobre a ética, o fundamento da matemática ou as relações entre a lógica e a filosofia. Prolonga-se na Áustria, em torno de Carnap (1891-1970) e do Círculo de Viena, que querem livrar-se da metafísica, e nos Estados Unidos, em

A FILOSOFIA E SUA HISTÓRIA

torno do mesmo Carnap, que ali encontra refúgio em 1936, e de Quine (1908-2000), que flexibiliza o empirismo a fim de salvá-lo. E continua, embora de maneira diferente, com Karl Popper (1902-1994) e John Rawls (1921-2002), que fazem a ligação entre as duas tradições, o primeiro trabalhando sobretudo na "linha de demarcação" entre o que é científico (e portanto refutável) e o que não o é, o segundo propondo uma nova "teoria da justiça". Muita inteligência, talento, invenção, e às vezes mais rigor ou honestidade intelectual do que na filosofia "continental" na mesma época.

Esta última não ignorou totalmente a lógica, a epistemologia ou a história das ciências (Cavaillès, Bachelard, Canguilhem). Ela conheceu numerosos pensadores profundos e atraentes (citemos, na França, Simone Weil, Albert Camus, Vladimir Jankélévitch, Paul Ricœur, Edgar Morin, Marcel Conche, René Girard, Michel Serres...). Mas, desde o declínio do existencialismo, foi marcada sobretudo pelo estruturalismo, importado das ciências humanas (Jakobson, Lévi-Strauss), e pela influência, ora conjunta, ora disjunta, dos três "mestres da suspeita" – Nietzsche, Marx, Freud –, que se tornarão quatro, como os três mosqueteiros, visto que a influência de Heidegger, de início surda ou velada, atravessa na Europa toda a segunda metade do século XX. Daí, na Alemanha, as obras da Escola de Frankfurt (Adorno, Horkheimer, Marcuse), que tentam salvar alguma coisa de Marx e das Luzes após os horrores stalinista e nazista; nos Estados Unidos, as de Hannah Arendt, que trabalha sobre o totalitarismo e a condição do homem moderno; ou, na França, as de Deleuze e Foucault (sobretudo influenciados por Nietzsche, o primeiro inventando uma filosofia do desejo e da diferença, o segundo

A FILOSOFIA

propondo uma arqueologia dos saberes e uma estética da existência), de Althusser (que busca uma filosofia nos textos de vocação científica ou política de Marx) ou de Derrida (que, na esteira de Heidegger, quer "desconstruir" a metafísica), todos, aliás, confrontando-se com as ciências humanas em geral e com a psicanálise em particular. Também aqui, muita inteligência e talento, muita inventividade, radicalidade, cultura, apesar de uma relação às vezes um pouco frouxa – sobretudo na França e no último período – com a verdade ou com as regras da lógica ordinária. Para vários desses autores, a filosofia está mais próxima das artes ou da política do que das ciências. O rigor importa menos do que a criatividade, a clareza menos do que a originalidade, a verdade menos do que o estilo ou a força.

Falou-se, no último quarto do século XX e a propósito sobretudo de Jacques Derrida, de uma escola da "desconstrução". Outros pensam hoje – mas não há distanciamento para falar disso – que seria a hora, finalmente, de reconstruir.

Capítulo II

Domínios e correntes

É possível aproximar-se da filosofia de duas maneiras: sob um ponto de vista diacrônico ou histórico, o que acabamos de esboçar, ou então sob um ponto de vista sincrônico, o que agora gostaríamos de tentar. A filosofia, sob esse novo ponto de vista, já não se distribui em períodos mas em domínios, e menos segundo a singularidade das doutrinas do que segundo a generalidade das questões ou aquela, conflituosa, das correntes.

Kant reduzia o campo da filosofia a quatro questões:

1. O que eu posso saber?
2. O que eu devo fazer?
3. O que me é permitido esperar?
4. O que é o homem?

E acrescentava este comentário: "À primeira questão responde a *metafísica*, à segunda a *moral*, à terceira a *religião*, à quarta a *antropologia*. Mas, no fundo, tudo poderia ser reduzido à antropologia, já que as três primeiras questões se relacionam à última."[34] Convém entender "me-

---

34. Kant, *Logique*, Introdução, III (trad. fr. L. Guillermit, Vrin, 1970, p. 25). Ver também *Crítica da razão pura*, Teoria transcendental do método, II, 2.

tafísica", aqui, no sentido kantiano (como sistema das condições *a priori* da experiência), que não é o da tradição nem o de hoje. Quanto ao resto, as quatro questões de Kant continuam a ser colocadas, entre outras possíveis ou necessárias, e nós as encontraremos pelo caminho. A verdade é uma; é o que dá razão aos autores de sistema sem atribuir erro aos outros. Toda filosofia visa a uma forma de totalidade, quer a pretendamos rematada (sistema), quer a saibamos inacabável. Mas essa unidade se pluraliza, nos dois casos, adaptando-se aos seus objetos. Pode-se tentar pensar o Todo (tal é o objeto da metafísica); isso não nos dispensará de pensar também o que sabemos sobre ele (filosofia do conhecimento), o que fazemos, dentro dele, de nossa vida (filosofia ética e moral) ou de nossa sociedade (filosofia política), nem nossa relação com o belo (estética, filosofia da arte) ou com nós mesmos (antropologia e ciências do homem). Isso constitui seis domínios principais, cada um dos quais é objeto de pelo menos um "Que sais-je?", e que, aqui, só podemos analisar por alto.

1. GRANDEZA E LIMITES DA METAFÍSICA

A César o que é de César. Comecemos pela metafísica. Tomada em seu sentido comum, esta é sem dúvida a parte mais prestigiosa da filosofia. Mas o que é ela? A etimologia mostra-se ao mesmo tempo arriscada e esclarecedora. É como um jogo objetivo de palavras. "*Metafísica*" é, já de início e por razões contingentes, o título da coletânea que vem "depois da *Física*" (*metà tá physikà*); em outras palavras, depois do volume consagrado à ciência da natureza, na edição antiga das obras de Aristóteles. Mas, como essa obra se refere ao ser enquanto ser, aos primeiros princípios e às primeiras causas, à substância e a Deus etc., tomou-se o hábito de denominar *metafísica* a parte da filosofia que trata das questões mais fundamentais, sejam elas primeiras ou últimas, o que faz supor que ela nos arrasta, como a etimologia parece indicar retrospectivamente, *para além da física*. Para além da natureza (*phýsis*)? Seria exagerar, ou antes engajar-se logo numa metafísica particular.

A primeira questão metafísica é sem dúvida a do ser. Mas, como "o ser se diz em vários sentidos" (Aristóteles), essa questão envolve várias outras, que podem referir-se ao próprio ser (por exemplo "O que é o ser?" ou "O que é ser?"), às suas maneiras de ser (ou às categorias, como diz Aristóteles, que nos servem para pensá-lo: como substância, como quantidade, como qualidade, como relação, como ação...), à sua origem ("Por que existe alguma coisa, em vez de nada?"), à totalidade daquilo que é (os entes, o real, o Todo) ou a determinado ente em particular (especialmente a alma, o mundo ou Deus). Chama-se comumente *ontologia* à parte da metafísica que tem por objeto o ser como ser, ou a substância ou a essência (*ousía*) dos entes (*tá ónta*). A esse nível de generalidade, suspeita-se que o conteúdo positivo seja pobre. Sobre o ser como ser, o que dizer, exceto que ele é, que é eterno (se nem sempre tivesse existido ser, este, como nada nasce de nada, jamais teria podido advir), que é infinito (já que só poderia ser limitado por outro ser, o qual o continuaria e, portanto, não seria seu fim), enfim, que ele é o que ele é? Ainda assim, na história da filosofia, esses três últimos pontos, e mesmo o primeiro, foram alvo de um certo número de objeções que estão longe de ser totalmente inconsistentes. *A fortiori*, toda tentativa de determinar a totalidade daquilo que é choca-se contra os limites mesmos do nosso saber. Nós só conhecemos, se tanto, entes particulares e finitos. Como poderíamos extrair, desses saberes sempre parciais, um conhecimento geral do ser ou dos entes? O mundo? Se definido como a totalidade dos seres (das coisas em si, diria Kant), ele está fora de alcance. Se definido como a totalidade dos fenômenos (das coisas para nós), ele não é um fenômeno (a totalidade dos objetos de uma experiência possível não é, enquanto totalidade, objeto de uma experiência possível). Assim, não se pode tentar pensá-lo dogmaticamente sem cair num certo número de contradições insolúveis – as famosas "antinomias da razão pura" –, que opõem, duas a duas, teses tão indemonstráveis quanto irrefutáveis. Kant, tendo constatado esse fracasso da metafísica até seu advento, quis mudar o conceito desta: que ela renunciasse a expressar o Todo, o incondicionado ou o absoluto, para já não tratar senão das condições *a priori* de nosso conhecimento. Novo fracasso: o resultado é tão duvidoso (do contrário, seríamos todos kantianos) e tão menos apaixonante quanto as tentativas anteriores.

Isso parece dar razão a Auguste Comte, para quem a metafísica é apenas "uma espécie de teologia gradualmente debilitada por simplificações dissolventes", e depois aos neopositivistas do Círculo de Viena. Para estes últimos, a metafísica, ao fazer uso de enunciados inverificáveis, é desprovida de sentido: seria apenas uma espécie de arte, mas ilusória e já esquecida de ser bela (os metafísicos, dizia Carnap, não passam de "músicos sem dom musical"). Desse modo, os neopositivistas consideram urgente, após vinte e cinco séculos erráticos, renunciar à metafísica, que eles gostariam de substituir pela análise lógica da linguagem em geral e das ciências em particular. Trabalhos legítimos mas quase tão duvidosos quanto os que eles pretendem substituir (não convencerão nem Wittgenstein, a quem invocam, nem Popper), e muito mais enfadonhos.

Filosofar é pensar mais longe do que aquilo que se sabe e que se pode saber. Fazer metafísica é pensar tão longe quanto se pode e quanto se deve. Com efeito, por que seria preciso parar? Para não dizer mais do que aquilo que se sabe? Mas então seria preciso renunciar à própria filosofia, praticar apenas as ciências (supondo-se, bem ingenuamente, que elas não estejam também obrigadas a dizer mais do que aquilo que sabem), e até recusar-se a se interrogar sobre o que elas nos ensinam ou nos deixam ignorar. Motivo pelo qual o positivismo, que quer excluir toda metafísica, faz comumente o jogo do cientificismo, que gostaria que as ciências fizessem as vezes dela.

E onde parar? Nos limites da experiência? Como seria possível isso, uma vez que não os conhecemos, e uma vez que não podemos pensá-los (como limites) exceto sob a condição de ultrapassá-los? Existe o que se pode saber, tal é o objeto das ciências, e o que não se pode saber, tal é o objeto da filosofia em geral e da metafísica em particular. Ou seja, toda metafísica dogmática promete mais do que aquilo que ela pode dar. E toda renúncia à metafísica não dará nada.

Considerando tudo, o gênero, por mais austero que necessariamente seja, deu algumas obras-primas absolutas,

A FILOSOFIA

que bastariam para justificá-lo. Os *Fragmentos* de Heráclito, o *Poema* de Parmênides, a *Metafísica* de Aristóteles (assim como vários livros de sua *Física*), as *Meditações* de Descartes, o *Discurso de metafísica* de Leibniz, o primeiro livro (pelo menos!) da *Ética* de Espinosa, as três *Críticas* de Kant (que se incluem no âmbito da metafísica, mesmo criticando-a, em numerosas páginas), vários dos fragmentos ditos de *A vontade de poder* de Nietzsche, *A evolução criadora* de Bergson, as *Conversações à beira-mar* de Alain, *Ser e tempo* de Heidegger (embora ele pretenda opor-se à metafísica), *O ser e o nada* de Sartre... Se vocês não gostam disso, não provoquem aversão nos outros.

Limitar-se à física? A própria física, como ciência, não o prescreve nem o proíbe. Portanto é uma opção metafísica. Tudo somado, uma das principais questões metafísicas é justamente a de saber se a totalidade dos entes se reduz à natureza (naturalismo: a natureza é o todo daquilo que é) ou se existem seres não naturais, e até sobrenaturais (por exemplo, espíritos transcendentes, Idéias, no sentido platônico do termo, ou deuses). É o objeto especialmente do "combate de gigantes" que opõe, constatava Platão, os "filhos da Terra" e os "amigos das Idéias"[35], que nós denominamos mais correntemente, há três séculos, materialistas e idealistas. A questão é saber quais são os seres "primeiros", como diz Platão, ou seja, o que existe de início e explica o resto: seres materiais, por exemplo átomos, ou seres puramente inteligíveis ou espirituais, por exemplo Idéias ou deuses?

O debate se prolonga há vinte e cinco séculos. É o que a tradição marxista denomina, desde Engels, "a ques-

---

35. *Sofista*, 245 *e* – 249 *d*; ver também e sobretudo *As leis*, X, 888 *d* – 892 *c*.

78

tão do primado". Trata-se de saber "qual é o elemento primordial" do real: "o espírito ou a natureza"?

Conforme respondem desta ou daquela maneira a essa questão, os filósofos se dividem em dois grandes campos. Os que afirmam o caráter primordial do espírito em relação à natureza, e que por conseguinte admitem, em última instância, uma criação do mundo de qualquer espécie que tenha sido (e entre os filósofos, por exemplo em Hegel, essa criação é freqüentemente muito mais complicada e ainda mais impossível do que no cristianismo), esses formavam o campo do idealismo. Os outros, que consideravam a natureza como o elemento primordial, pertenciam às diferentes escolas do materialismo.[36]

Engels simplifica um pouco. Primeiro porque não é evidente que natureza e matéria sejam coextensivas uma à outra (um filósofo naturalista, como Espinosa ou Nietzsche, não é forçosamente materialista), e depois porque se pode seguramente ser idealista sem acreditar em Deus nem em nenhuma criação do mundo que seja (é o caso de Schopenhauer ou de Sartre). Nem por isso a oposição, em seu princípio, é menos esclarecedora. Ela atravessa e estrutura toda uma parte da história da filosofia. Uma corrente claramente idealista domina esta última: Platão, Plotino, Santo Agostinho, São Tomás, Descartes, Leibniz, Kant, Hegel, Bergson, Husserl e a maioria dos nossos fenomenólogos ou neokantianos de hoje... E, mesmo dominada, uma corrente materialista não deixa de resistir a eles ou de comba-

---

36. F. Engels, *Ludwig Feuerbach et la fin de la philosophie classique allemande*, II (trad. fr. G. Badia, Éditions Sociales, 1966).

A FILOSOFIA

tê-los: Demócrito, Epicuro, Lucrécio, Hobbes, Diderot, Marx, Althusser, sem falar (o materialismo, no século XX, muitas vezes veio das ciências do homem) de Freud ou Lévi-Strauss... O fato de outros autores, e não dos menores, dificilmente se deixarem encerrar nessa dicotomia (caso de Aristóteles ou dos estóicos, o primeiro, contudo, mais próximo do idealismo, e os segundos, do materialismo), e até de não entrarem nela em absoluto (Espinosa, Hume), não basta para rejeitá-la. Saber se a natureza não pensante existe de início e produz em si o pensamento (materialismo) ou se um pensamento antecedente é que produz ou cria a natureza (idealismo ou espiritualismo) é uma verdadeira questão. O fato de ela ser cientificamente insolúvel não a torna menos interessante.

É nesse ponto que a ontologia desemboca na questão de Deus, que seria o ente supremo (por isso às vezes se fala, desde Heidegger, de ontoteologia), ao mesmo tempo incriado e criador de todos os outros, "causa de si" e de tudo. O problema só ganha toda a sua amplitude numa civilização monoteísta, que acredita num Deus transcendente, isto é, radicalmente exterior e superior à natureza. Epicuro, por exemplo, não era ateu. Mas seus deuses, que ele situava nos "intermundos", eram tão naturais e materiais quanto os humanos, dos quais não se ocupavam: era legítimo admirá-los (pela beleza ou pela felicidade deles), absurdo temê-los, inútil implorar-lhes. A partir do momento em que a religião toma a forma de uma transcendência, a oposição se torna mais frontal. O materialismo é um imanentismo. Ser materialista, ante as religiões da transcendência, será quase sempre ser ateu até o fim (é o caso de d'Holbach, Marx ou Freud). Mas a questão cosmológica –

80

tornada singularmente opaca pelos próprios progressos da física contemporânea – muitas vezes se tornará menos decisiva, metafisicamente, do que a questão antropológica, quer esta se refira à origem do homem, quer ao funcionamento da vida mental e afetiva dele. O darwinismo e a neurobiologia, sem provar o que quer que seja, jogam mais lenha na fogueira materialista: ser materialista, hoje, é antes de tudo pensar que a humanidade não passa de uma espécie animal entre outras (darwinismo), o que supõe ser o cérebro – e não uma alma ou um espírito imaterial – que pensa, sente e experimenta (neurobiologia). Isso não impede de ser humanista, mas proíbe ao humanismo pensar-se como religião. Se o homem é um efeito, como seria ele nosso Deus?

Tais questões, que são do âmbito da filosofia primeira (esse é o outro nome, por exemplo em Descartes, da metafísica), não deixam de incidir, suspeita-se, sobre a questão dos fins últimos, às vezes denominada escatologia. Se eu sou apenas meu corpo, a morte dele será para mim sem resto – o que torna minha vida, de um ponto de vista metafísico e desde já, sem esperança. "O que me é permitido esperar?" Era a terceira questão de Kant, a qual, dizia ele, se incluía na alçada da religião. Digamos que somente a religião – ou uma metafísica religiosa – responde positivamente a ela. O que me é permitido esperar? Que exista um Deus que julga e salva, e portanto, após a morte, uma outra vida, que seria como que a recompensa ou o consolo por esta aqui... A resposta do ateísmo – "Nada" –, conquanto mais austera, não é menos verossímil, nem menos forte, nem menos metafísica.

A FILOSOFIA

2. FILOSOFIA DO CONHECIMENTO
(*"O QUE EU POSSO SABER?"*)

A ontologia tem por objeto o ser; a metafísica, o Todo. Por isso é que elas são indissociáveis, sem que se confundam inteiramente. Contudo, as ciências e a experiência nos ensinam mais, não é difícil (a metafísica faz refletir, mas não nos ensina nada). Falta então pensar esse fato mesmo de aprender ou de conhecer, e especialmente compreender como são possíveis as ciências, e o que valem. Tal é o objeto da filosofia do conhecimento, que os antigos prefeririam denominar lógica ou canônica, e que nós às vezes denominamos (já que a lógica se tornou uma ciência, que depende mais da matemática do que da filosofia) gnoseologia ou epistemologia. São duas disciplinas diferentes. A gnoseologia refere-se ao conhecimento (*gnôsis*) em geral; a epistemologia, a uma ou várias ciências (*episteme*) em particular, menos para reconstituir-lhes a história, que não depende da filosofia, do que para tentar compreendê-la ou extrair dela alguma lição filosoficamente esclarecedora.

"Todos os homens desejam naturalmente saber", dizia Aristóteles. Mas eles o podem? Como? Sob quais condições?

A primeira questão refere-se ao fato mesmo do conhecimento e aos seus limites. Nós somos capazes de atingir a verdade com certeza? É nisso que se opõem, desde a Antiguidade, os céticos e os dogmáticos. Este último termo, tomado em seu sentido técnico, não tem nada de pejorativo. É dogmático todo filósofo que afirma a existência de conhecimentos seguros. Cético, todo filósofo que nega essa existência ou duvida dela. Os dogmáticos, na história da filosofia, são de longe os mais numerosos, e quase sempre os mais eminentes (Platão, Aristóteles, Epicuro e os estóicos são dogmáticos, assim como Descartes, Espinosa, Leibniz, Kant, "dentro dos limites de uma experiência possível", Hegel ou Husserl...). Nada de espantoso nisso, não só porque a certeza é mais confortável do que a dúvida mas também porque ciências e experiências parecem dar razão aos dogmáticos. Quem pode duvidar daquilo que vê, daquilo que toca, daquilo que faz? Quem pode duvidar de uma demonstração matemática, se a compreender? O problema é que ciências e experiências nem sempre concordam entre si, nem os filósofos dogmáticos entre eles. Epicuro tinha tanta certeza de seus átomos quanto Platão de suas Idéias. O que isso prova, a não ser que um e outro eram incapazes de provar a existência dessas coisas? E o que havia de mais "certo", durante milênios, do que o movimento do Sol em torno de uma Terra imóvel? "Eram apenas certezas de fato", objetarão, "e não certezas de direito..." Talvez. Mas "a certeza que há das certezas de direito nunca é apenas uma certeza de fato", observa Marcel Conche a respeito de Montaigne, e portanto "já não há apenas certezas de fato"[37]. Ora, o que uma certeza prova?

Os maiores céticos da Antiguidade são Pirro e Sexto Empírico. Os maiores dos tempos modernos, Montaigne e Hume (conviria acrescentar Pascal, que seria cético sem a fé, e tanto mais quanto ele não acredita nem no ceticismo). Por que duvidar de tudo? Porque nós não conhecemos nada a não ser por nossos sentidos e nossa razão, o que nos impede de algum dia verificar a confiabilidade disso (já que toda verificação a supõe). Como comparar nossas

---

37. M. Conche, *Montaigne et la conscience heureuse*, Seghers, 1964; reed. PUF, 2003, p. 61.

A FILOSOFIA

representações ao real, uma vez que só percebemos nossas representações? Desse ceticismo eterno, Montaigne resumiu genialmente o essencial:

> Para avaliar as aparências que nós recebemos dos sujeitos [ou seja, dos objetos, tais como seriam, por hipótese ou por etimologia, "sob" as aparências], precisaríamos de um instrumento judicatório; para verificar esse instrumento, precisamos da demonstração; para verificar a demonstração, de um instrumento: eis-nos girando em círculos. Já que os sentidos não podem deter nossa disputa, estando eles mesmos cheios de incerteza, é preciso que seja a razão a fazê-lo; nenhuma razão se estabelecerá sem uma outra razão: eis-nos recuando até o infinito.[38]

Escapa-se do círculo somente pela regressão ao infinito, à regressão somente pelo círculo; todo dogmatismo, portanto, está fadado aos dois, definitivamente. Não há fundamento do conhecimento, ou esse fundamento, mesmo que existisse (as sensações para uns, a razão para outros), seria inverificável. Tampouco existe, portanto, critério absoluto da verdade. "Nós não temos nenhuma comunicação com o ser", escreve Montaigne. Convém entender: nenhum acesso absoluto ao absoluto. Estamos separados do real pelos próprios meios (nossos sentidos, nossa razão, nossos instrumentos, nossas teorias) que nos servem para conhecê-lo. Como poderíamos conhecê-lo absolutamente? O que convém concluir daí? Não, é claro, que nada é verdadeiro, pois nesse caso não mais haveria conclusão (já não seria

---

38. Montaigne, *Essais*, II, 12 ("Apologie de Raymond Sebond"), pp. 600-1 da ed. Villey-Saulnier, PUF.

ceticismo mas sofística), e sim que nada é certo – nem mesmo essa afirmação da incerteza de tudo. Ser dogmaticamente cético seria contraditório; resta então sê-lo ceticamente, e esse ceticismo moderado – o de Montaigne, o de Hume – é na verdade o mais radical que existe. Que tudo seja falso é improvável. Que tudo seja duvidoso é incerto. Mas toda pretensa certeza o seria mais. "Pode ocorrer que haja verdadeiras demonstrações", concedia Pascal, "mas isso não é certo." Isso, efetivamente, não se demonstra. "Assim, isso mostra apenas", acrescentava o autor dos *Pensamentos*, "que não é certo que tudo seja incerto – para a glória do pirronismo."

É possível contentar-se com interrogações menos radicais: não mais sobre o fato do conhecimento, mas sobre os meios que conduzem a ele. É nisso que se opõem não mais o dogmatismo e o ceticismo, mas o racionalismo, tomado no sentido estrito, e o empirismo. Este último ensina, com Aristóteles ou Locke, que "não há nada no intelecto que não tenha estado antes nos sentidos". O racionalismo lhe objeta, com Platão ou Leibniz: *a não ser o próprio intelecto*". Será também essa, *mutatis mutandis*, a posição de Kant. "O fato de que todo o nosso conhecimento comece *com* a experiência não prova que ele deriva todo *da* experiência." O racionalismo, tomado nesse sentido estrito, afirma portanto que nosso poder de conhecer não se reduz à experiência nem deriva totalmente dela. Isso supõe em nós idéias inatas (Descartes), uma potência inata do espírito (Leibniz), formas ou categorias *a priori* (Kant), que impedem de fazer da alma a "tábula rasa" que os empiristas vêem nela.

E ainda é preciso que haja uma alma. Se é o cérebro que pensa, a noção de inatidade deve ser repensada com

A FILOSOFIA

novo ônus. O cérebro é claramente inato, sem por isso incluir o menor conhecimento *a priori*. Pois o que ele nos ensina, senão pela experiência que ele permite e que nós temos dele? Isso poderia explicar o fato de que os materialistas sejam em sua maioria empiristas (a recíproca não é verdadeira), mas também o de que a oposição entre o empirismo e o racionalismo tenda, com o progresso das neurociências, a embaralhar-se um pouco. Que todo conhecimento que não é somente analítico venha da experiência é o que muitos, hoje, concederão ao empirismo. Que haja em nós uma potência inata de pensar é o que poucos recusarão ao racionalismo. Resta saber se essa potência, na análise como na síntese, depende primeiro do pensamento (a razão) ou do corpo (o cérebro). Compreende-se que o estatuto e a confiabilidade do pensamento serão modificados por isso. Se o pensamento está submetido a causas, mais que a razões, como ter certeza de que ele tem razão? O empirismo e o materialismo, freqüentemente ligados (por exemplo em Epicuro ou em Hobbes), tendem aqui para um mesmo ceticismo, que os empiristas estão habituados (sobretudo desde Hume) mas que os materialistas nem sempre perceberam, que eles ainda ignoram às vezes, que parece refutá-los (em nome de que, se a pessoa é cética, pronunciar-se a favor do materialismo?) e que deveria impedi-los de sê-lo dogmaticamente.

Pode-se também admitir o fato do conhecimento (que os progressos científicos, em nossos dias, ilustram tão espetacularmente) e interrogar-se sobre suas condições de possibilidade. É a iniciativa de Kant. Que as ciências sejam possíveis está demonstrado pela realidade delas. Falta entender como ou em que condições elas o são. É a ques-

DOMÍNIOS E CORRENTES

tão de direito (*quid juris?*) e não mais de fato (*quid facti?*). Por exemplo, como passar legitimamente da particularidade sempre finita das experiências à universalidade de uma lei? É o problema da indução, que Kant pretendia resolver pelo transcendental (as condições *a priori* de toda experiência possível) e que Popper, de maneira a meu ver mais satisfatória, resolve ou suprime mostrando que não existe indução científica: as ciências progridem não passando do fato à lei (isto é, de uma verdade particular a uma verdade mais geral: indução) mas *deduzindo* a falsidade de uma teoria a partir de enunciados empíricos singulares (refutação). Mil fatos jamais provarão a veracidade de uma teoria (já que o milésimo primeiro pode invalidá-la); basta um só para provar a falsidade dela. Essa assimetria permite ao conhecimento avançar "na direção indutiva" (na direção de teorias cada vez mais potentes), mas por "inferências dedutivas" (e não indutivas). Assim, a pessoa só tem certeza, cientificamente, dos erros que refutou. É o que impede de erigir em absoluto qualquer teoria científica que seja, sem com isso autorizar a duvidar do progresso científico em si. Para a glória do racionalismo, em sentido amplo (no sentido em que ele se opõe não mais ao empirismo, mas ao irracionalismo, à superstição ou ao obscurantismo). Não existe verdade científica. Só existem *conhecimentos* científicos, sempre parciais, relativos, provisórios. Mas isso, longe de enfraquecer as ciências, constitui sua força. Elas não progridem de certeza em certeza, como queria Descartes, mas "por aprofundamento e anulações", como dizia Cavaillès, por "conjeturas e cancelamentos", como diz Popper, o que só as faz progredir melhor. Exatamente isso que as impede de aspirar ao absoluto (o fato de elas esta-

A FILOSOFIA

rem por natureza fadadas à crítica, à objeção, à refutação)
é justamente o que lhes permite avançar (pela retificação
dos erros). Desse modo, não há aí, observa Karl Popper,
"nenhuma razão para desesperar da razão". Acentuar o
"caráter falível" da humanidade não é renunciar ao progresso dos conhecimentos; é antes proporcionar-se os
meios para compreendê-lo e continuá-lo – extraindo, à
falta de certeza positiva, "ensinamentos de nossos erros".
Motivo pelo qual as ciências são um modelo para o espírito, inclusive o filosófico. Onde toda refutação é impossível,
o intercâmbio dos argumentos e das objeções permanece
necessário. O "racionalismo crítico", como diz Popper, é o
racionalismo verdadeiro. Para a glória da tolerância, do espírito crítico e da laicidade.

3. FILOSOFIA ÉTICA E MORAL

Os termos *"éthique"* e *"morale"*, em francês, são perfeitamente intercambiáveis. Eles vêm de dois termos – um
grego, outro latino – que, para os antigos, eram a estrita
tradução um do outro. Durante séculos, os filósofos quase
não os distinguiram. Alinhavam indiferentemente sob um
ou sob outro vocábulo tudo o que concerne aos costumes,
às maneiras de viver e de agir (por menos que elas sejam
consideradas de um ponto de vista normativo), em outras
palavras, àquilo que se convencionou denominar o bem e
o mal, as virtudes e os vícios, os deveres e as faltas, a felicidade e a infelicidade. Contudo, retrospectivamente, essa
mistura não deixa de surpreender um pouco. A felicidade
é um dever? Ela é sempre virtuosa? Toda infelicidade é
uma falta? Todo vício, uma infelicidade? Pode-se legitima-

DOMÍNIOS E CORRENTES

mente duvidar disso. De resto, existe uma tal distância entre as éticas dos antigos, centradas nas idéias de virtude e de felicidade, e as morais dos modernos, que falam mais de dever ou de respeito (embora se desenhe uma tendência mais recente, que opera um retorno à idéia de virtude), que é legítimo interrogar-se: são concepções diferentes da mesma coisa, ou duas coisas diferentes, que não podem ser confundidas sem abuso de linguagem? A chegada à cena filosófica, no século XIX, de uma ética imoralista – a de Nietzsche – só podia tornar o problema mais gritante. Uma doutrina que impele a viver "para além do bem e do mal" ainda é uma moral? Trata-se, contudo, de uma concepção e de uma prática normativas da vida: *"Para além do Bem e do Mal*, esclarecia Nietzsche, "isso em todo caso não significa 'Para além do bom e do mau'."[39]

A verdade é que começa a se espalhar, pelo menos na França (graças a Gilles Deleuze e Marcel Conche), um uso que tende a distinguir essas duas noções[40]. Segundo quais critérios? Segundo o campo de aplicação de cada uma, pelo menos o pretenso (universal para a moral, particular para a ética), seu estatuto (absoluto ou relativo), sua modalidade (imperativa ou hipotética), seu princípio (dever ou desejo), seu conteúdo (mandados ou recomendações), seu objetivo (vida justa ou vida boa), seu ideal (santidade ou sabedoria)... Tudo isso, que não é possível desenvolver aqui, desemboca em duas definições opostas e complementares.

---

39. *Genealogia da moral*, I, 17.
40. Ver, por exemplo, G. Deleuze, *Spinoza, Philosophie pratique*, Éd. de Minuit, 1981, cap. 2, "Sur la différence de l'éthique avec une morale"; e M. Conche, *Le fondement de la morale*, PUF, 1993 [trad. bras. *O fundamento da moral*, São Paulo, Martins Fontes, em preparação], prefácio da segunda edição e cap. X. Ver também meu artigo "Morale ou éthique?", *Valeur et vérité*, PUF, 1994, pp. 183-205.

A FILOSOFIA

Chamaremos de *moral* todo discurso normativo e imperativo que resulta da oposição entre o Bem e o Mal, considerados como valores absolutos ou transcendentes: é o conjunto dos nossos deveres. A moral responde à questão: "O que eu devo fazer?" Ela se quer uma, universal e incondicional. Ela manda de maneira absoluta, ou aspira a isso. Ela tende à virtude (como disposição adquirida para fazer o bem) e culmina na santidade (no sentido de Kant: no sentido em que a santidade é "a inteira conformidade da vontade à lei moral").

E guardaremos o termo *ética* para designar um discurso normativo mas não imperativo (ou sem outros imperativos afora os hipotéticos), que resulta da oposição entre o bom e o mau, considerados como valores imanentes e relativos: é o conjunto refletido dos desejos de um indivíduo ou de um grupo. Uma ética – porque por conseguinte existem várias – responde à questão: "Como viver?" Ela não manda, e sim recomenda. É sempre particular a um indivíduo ou a um grupo. É uma arte de viver: tende mais freqüentemente à felicidade e culmina na sabedoria.

O grande filósofo da moral? Nos tempos modernos, é seguramente Kant. O grande filósofo da ética? Pode-se hesitar entre Espinosa (que deixa à moral o lugar dela) e Nietzsche (que a recusa). Quanto aos antigos, isso é mais complicado, não só porque eles não distinguiam essas duas noções, como vimos, mas também e sobretudo porque quase todas as suas teorias morais ou éticas são teorias do soberano bem, o que supõe que a felicidade e a virtude – e portanto também a ética e a moral – andam juntas. Tentemos, em poucas palavras, enxergar isso com mais clareza.

90

DOMÍNIOS E CORRENTES

O que é o soberano bem? O bem supremo (que não pode ser aumentado) e último (que é o fim, direto ou indireto, de todos os nossos meios, e o meio de nenhum fim). Como pensá-lo? Como um máximo de prazer, de felicidade, de sucesso? Ou como um máximo de virtude, de submissão ao dever, de moralidade? Um e outro, e é essa conjunção, sobretudo desde Kant, que se costuma chamar retrospectivamente – pois os modernos já quase não acreditam nisso – de soberano bem. Uma vida perfeitamente feliz, mas sem virtude, supondo-se que isso fosse possível, não seria o bem maior: mais valeria uma vida feliz e virtuosa. Uma vida perfeitamente moral, mas sem felicidade, tampouco seria o bem maior: mais valeria uma vida virtuosa e feliz. Portanto o soberano bem supõe a conjunção entre a felicidade e a virtude, a "exata proporção" delas, como diz Kant, e é nisso que as éticas dos antigos eram efetivamente doutrinas do soberano bem: porque eles estavam convencidos de que a felicidade fazia a virtude (Epicuro) ou de que a virtude fazia a felicidade (os estóicos). É nisso, mostra Kant, que não mais podemos acreditar. Sabemos por experiência que essa "exata proporção" entre felicidade e virtude nunca é garantida na Terra, é o mínimo que se pode dizer, e realiza-se muito raramente. Portanto pode-se apenas esperá-la – ou não – para depois da morte: isso já não é moral ou ética mas religião ou desespero. É onde começa a modernidade, separando-nos da felicidade.

Se os antigos não distinguiam a moral da ética, é porque se interessavam menos pelo dever do que pela felicidade, a qual não existia sem virtude. Em contraposição, para os modernos, que não mais acreditam no soberano bem, a felicidade e o dever – e portanto também a ética e

A FILOSOFIA

a moral – devem ser pensados separadamente. O que eu devo fazer? Como viver? Essas questões, para os antigos, formavam uma só. Para nós, elas são duas: a moral responde à primeira; a ética, à segunda.

Cada uma dessas questões levanta dificuldades múltiplas. Quanto à ética, o problema principal talvez seja o de determinar-lhe o objetivo primeiro ou último. O prazer? A felicidade? A virtude? A salvação? O estilo? Então se falará respectivamente de hedonismo (por exemplo, em Aristipo ou em Epicuro), de eudemonismo (por exemplo, em Aristóteles, mas também, de um modo ou de outro, na maioria das escolas gregas a partir de Sócrates), de moralismo (por exemplo, nos estóicos ou em Kant), de soteriologia ou de ética religiosa (por exemplo, em Santo Agostinho ou em Pascal, mas também, em outro sentido, em Espinosa), de estetismo (por exemplo, em Nietzsche)... Convém desconfiar dessas categorias, sem dúvida úteis, freqüentemente indispensáveis, mas sempre maciças demais para dar conta da complexidade das filosofias reais. O hedonismo e o eudemonismo, em Epicuro, opõem-se menos do que se completam (o prazer é o bem primeiro; a felicidade, o bem supremo). A busca da salvação, em Santo Agostinho ou em Pascal, é apenas mais uma forma da busca da felicidade ou do prazer (falou-se, a justo título, do "pan-hedonismo" de Port-Royal). E o moralismo, evidentemente, não exige que se renuncie à felicidade, mas sim que esta seja buscada na virtude (estoicismo) ou submetida ao dever (Kant: Como viver? De modo que se torne digno de ser feliz). Quanto ao tema da sabedoria, ele é menos um traço distintivo desta ou daquela ética do que o ideal – ao mesmo tempo comum e diversificado – da maioria.

DOMÍNIOS E CORRENTES

Aliás, na medida em que essas éticas são percebidas hoje como particulares, não é necessário decidir-se de modo absoluto entre elas. A Sêneca já acontecia apoiar-se em Epicuro, a Marco Aurélio inspirar-se em Lucrécio. Os modernos seguirão de bom grado esse exemplo, tanto mais quanto crêem menos nos sistemas. A partir do momento em que se renuncia à verdade pretensamente universal do epicurismo ou do estoicismo, para conservar esse exemplo historicamente privilegiado (são as grandes sabedorias do Ocidente), nada impede de utilizar – em proporções variáveis, segundo os indivíduos e as circunstâncias – uma e outra dessas duas éticas. É o caso, na França, de Montaigne, La Mettrie, Alain, Deleuze ou do Foucault do último período. Ecletismo? Nem sempre este é condenável. Mas pode ser também, e ainda mais, uma opção estratégica. A filosofia, para um espírito livre, é menos um conjunto de dogmas do que um arsenal ou uma "caixa de ferramentas" (a expressão é de Michel Foucault). Por que seria preciso, para poder utilizar o que há de forte numa escola, proibir-se de fazer uso das outras? Nietzsche dá o estimulante exemplo disso. Nele, a noção de "grande estilo" tem a ver com uma filosofia totalmente diversa daquela do Pórtico ou daquela do Jardim. Isso não o impede em absoluto de dizer-se às vezes estóico ("Sejamos duros, nós, os últimos estóicos!") nem de invocar, quanto a este ou àquele ponto, a ética "heróica e ao mesmo tempo idílica" do "eterno Epicuro". A filosofia, como a vida, é combate e construção. Cada um encontra suas ferramentas e suas armas onde pode.

Quanto à moral, os dois problemas principais, e indissociáveis, são os de seu fundamento e de seu estatuto. A

A FILOSOFIA

moral se quer ao mesmo tempo universal e absoluta: pretende governar todos incondicionalmente. Mas teria ela os meios de justificar tal pretensão? Bem sabemos que com efeito existem morais diferentes, segundo os grupos ou as épocas. Para que uma dentre todas pudesse pretender ser a boa ou a verdadeira (*a* moral, uma e universal), ser-lhe-ia necessário um fundamento. Mas qual? O Bem em si (Platão)? A vontade de Deus (Descartes)? Sua bondade (Leibniz)? A razão (os estóicos ou Kant)? A compaixão (Schopenhauer)? A simpatia (Smith)? A seleção natural (Darwin e os neodarwinistas)? O amor ou a diferença sexual (Feuerbach)? A utilidade, ou seja, a maior felicidade para o maior número (Helvétius, Bentham, John Stuart Mill)? O altruísmo (Auguste Comte)? A vida (Jean-Marie Guyau)? A sociedade (Durkheim)? A liberdade (Sartre)? A discussão racional, na medida em que pressupõe (Apel) ou visa (Habermas) o universal? O diálogo, na medida em que ele implica a igualdade em direito de todos os homens (Conche)? Alguns desses fundamentos seriam antes uma origem (que explicaria o fato da moral) do que um fundamento (que justificaria seu valor). É o caso, especialmente, da seleção natural e da sociedade. Porém, mesmo eliminando estes, restam muitos pretendentes, e essa pluralidade os fragiliza. Abundância de bens não prejudica, diz-se. Mas abundância de fundamentos?

Outros filósofos, embora constatem o fato da moral, renunciarão a fundamentá-la, contentando-se em reconhecê-la (Aristóteles, Montaigne, Hume), explicá-la (é o caso especialmente na tradição materialista ou naturalista: Epicuro, Hobbes, Espinosa, Marx, Freud) ou criticá-la (Nietzsche). É compreensível. Fundamentar a moral seria garantir ao mesmo tempo sua verdade e seu valor, o que não é possível sem passar do ser ao dever-ser, do descritivo ao prescritivo – o que Hume, assim como vários outros depois dele, rejeita e recusa[41]. Ademais, como fundamentar a moral, uma vez que não se pode fundamentar a razão, que toda fundamentação supõe? E por que fundamentá-la, uma vez que um fundamento para ser virtuoso é tão desnecessário quanto para gostar de matemática ou trabalhar com ela, e que nenhum fundamento, supondo-se que seja autêntico, dissuadirá um homem maldoso de agir mal? Os partidários do fundamento costumam responder que essa é a única maneira de resolver nossos conflitos morais, e até, na era da técnica triunfante, de salvar o planeta. Mas eu nunca vi, sobre um tema moralmente conflituoso (o aborto, a eutanásia, a pena de morte, a clonagem, a economia de mercado...), um suposto fundamento convencer quem quer que fosse a mudar de posição. A moral faz parte do real. Ela faz parte da humanidade. Ela faz parte da nossa história, tanto a individual quanto a coletiva. Intelectualmente, é menos importante fundamentá-la do que compreendê-la. Moralmente, é menos importante fundamentá-la do que respeitá-la. A moral nos foi legada pela humanidade, como o cerne da civilização e o contrário da barbárie. Ela precisa menos de um fundamento do que de nossa fidelidade.

A verdade é que os filósofos que renunciam a fundamentar a moral devem também renunciar à absolutez dela. É o que se pode denominar relativismo, que desemboca, quase inevitavelmente, num pluralismo. Se nenhuma moral é fundamentada, nenhuma pode pretender ser *a* moral, uma e universal: não há senão *várias* morais, todas rela-

---

41. *Tratado sobre a natureza humana*, III, 1, 1.

A FILOSOFIA

tivas a uma certa sociedade, a uma certa época ou a certos indivíduos.

Então é preciso renunciar à moralidade? De modo algum! O relativismo não é um niilismo. Vemos isso nas ciências. O fato de que todo conhecimento seja relativo (relativismo epistêmico) não acarreta em absoluto que não exista conhecimento do todo (o que seria niilismo epistêmico). O fato de que todo valor seja relativo tampouco implica que não existam quaisquer valores nem que eles não valham nada. Isso está bem marcado em Epicuro, em Hobbes, em Marx, em Nietzsche, em Freud, que sem dúvida não são niilistas. E é genialmente pensado em Espinosa. "Não é porque uma coisa é boa que nós a desejamos", escreve ele em substância, "mas, ao contrário, é porque a desejamos que nós a julgamos boa." É o próprio relativismo: todo valor é relativo ao desejo que o visa e o engendra. Portanto é tão real quanto este, e igualmente positivo (convém lembrar que o desejo, em Espinosa, não é falta, mas potência) e necessário. Claro, essa autonormatividade do desejo não é um fundamento (pois nesse caso haveria círculo), mas um fato (o único círculo, aqui, é o do real, do qual não se sai). Se o amor e a justiça são valores, é porque nós os desejamos, o que a história, tanto a natural quanto a cultural, explica suficientemente. Esses valores não são uns absolutos, que estivessem inscritos em Deus ou na Natureza; são valores humanos, sociais, históricos, que estão inscritos, pelo menos desde Jesus Cristo (no caso de nossa civilização), "no fundo dos corações"[42].

---

42. Espinosa, *Traité théologique-politique,* IV [trad. bras. *Tratado teológico-político*, São Paulo, Martins Fontes, 2003.]. Lembremos que Espinosa não era cristão: Jesus, para ele, não é nem Deus nem filho de Deus; é apenas um homem,

É preciso, em todo caso, renunciar ao universal? Não necessariamente. O fato de existirem várias morais (aliás, convergentes, na maioria das vezes) não prova que elas se equivalham todas, mas simplesmente que ninguém pode decidir por nós sobre seu respectivo valor. Isso deixa espaço à tolerância, quanto ao que é tolerável, e ao combate, quanto ao que não o é. Seria necessário ter muito medo de uma ou do outro para ver aí uma objeção.

Sobretudo, conquanto não exista moral universal, de fato e em termos absolutos, há morais mais ou menos *universalizáveis*, de direito e na prática. A "moral dos senhores", para falar como Nietzsche, não pode, por definição, universalizar-se. A dos escravos tampouco, na medida em que eles reconhecem ter senhores. Somente uma moral de homens livres e iguais pode fazê-lo. É o que hoje chamamos de direitos do homem, e que deveríamos preferencialmente chamar de direitos e deveres do ser humano. Essa moral é ao mesmo tempo particular (só vale para a humanidade), relativa (a uma certa época: a nossa) e universalizável (pode valer, de direito, para todos os homens). Cabe-nos torná-la universal, o mais que pudermos.

4. FILOSOFIA POLÍTICA

Embora não se confundam, a política e a ética estão ligadas. Entre uma e outra, Platão só via uma diferença de escala: a mesma justiça deve reinar no indivíduo e na Cida-

---

mas que ele reconhece como seu mestre (ver a esse respeito o estudo magistral de Alexandre Matheron, *Le Christ et le salut des ignorants chez Spinoza*, Aubier-Montaigne, 1971).

A FILOSOFIA

de; o mesmo Bem as ilumina. Era submeter a política à moral. Em Aristóteles, dá-se antes o contrário. Se ética e política visam, uma e outra, ao soberano bem (a felicidade), fazem-no de maneiras diferentes, e é a política, para Aristóteles, que é a ciência arquitetônica, a que atribui às outras os respectivos lugares e funções. Esse debate continuará, apesar de Maquiavel (que separa a política e a moral), até os nossos dias. Mas, tratando-se de filosofia política, as questões principais são as da justiça e da liberdade. A justiça existe em si, como queria Platão, ou, como queria Epicuro, é somente a utilidade comum, tal como resulta, nos grupamentos humanos, "de uma espécie de contrato com vistas a não se prejudicar mutuamente"? Ela é algo a conhecer (Platão) ou a fazer (Epicuro)? E, num e noutro caso, como ter certeza da justiça da Cidade, isto é, da legitimidade da lei? Enfim, como conciliar a justiça, que supõe um poder de constrangimento, com a liberdade?

Isso apresenta a questão dos regimes políticos. Distinguem-se classicamente três desses regimes: a monarquia (o poder de um só), a aristocracia (o poder de alguns, em princípio ou etimologicamente dentre os melhores) e a democracia (o poder do povo). Cada um deles pode, e deve, tender ao bem comum. Se não o fizer, muda de natureza e de nome: a monarquia se degrada em tirania, a aristocracia em oligarquia ou plutocracia (o poder de um clã ou o dos mais ricos), a democracia em populismo, ou seja, em ditadura da maioria, da opinião ou da multidão[43]. Aqueles que

---

43. Inspiro-me aqui, sempre sem me limitar ao seu vocabulário, nas páginas famosas de Aristóteles, em sua *Política*, especialmente nos livros III e IV. Mas são distinções que se encontram, sob formas diferentes, na maior parte das teorias políticas. Quanto à anarquia (a ausência de poder de Estado), esta é menos um regime político do que a negação de todos eles. A palavra, quando tomada

DOMÍNIOS E CORRENTES

detêm o poder, nesses regimes pervertidos, colocam-no a serviço de seus interesses particulares ou corporativistas, e não mais, como nos Estados bem regulados, a serviço do interesse geral. Isso, humanamente, explica-se muitíssimo bem. Por que os cidadãos ou os governantes escapariam ao egoísmo, às paixões, ao clientelismo? Portanto é preciso resistir a tais coisas, seja por virtude, seja por controle. Mas, se a virtude bastasse, a política seria necessária?

Montesquieu (1689-1755) atribui a cada tipo de regime o respectivo princípio, que o faz agir e perseverar em seu ser: a democracia (e a aristocracia, em menor medida) funciona pela virtude, a monarquia pela honra, o despotismo pelo temor. Contudo, nenhum desses princípios, e portanto nenhum desses regimes, é suficiente para garantir a liberdade política. De fato, esta "não consiste em absoluto em fazer aquilo que se quer"; ela é "o direito de fazer tudo o que as leis permitem", e essa liberdade, acrescenta Montesquieu, "só se encontra nos governos moderados". Mas é preciso proporcionar-se os meios institucionais de uma tal moderação:

> É uma experiência eterna, a de que todo homem que tem poder é levado a abusar deste; ele segue até encontrar limites. Quem o diria! a própria virtude precisa de limites. Para que não se possa abusar do poder, é necessário que, pela disposição das coisas, o poder detenha o poder.[44]

No início do século XVIII, quase não se encontravam exemplos disso. A Inglaterra, explica Montesquieu, é a

---

positivamente, designa uma doutrina (assim, prefere-se falar de *anarquismo*) ou uma utopia, mais que um tipo historicamente verificado de organização social.

44. *O espírito das leis*, XI, 4.

A FILOSOFIA

única a respeitar a separação dos poderes, sem a qual nenhum regime liberal pode existir (a própria democracia, quando se confundem os três poderes, não passa de uma ditadura popular). Esses três poderes, que hoje chamamos de legislativo, executivo e judiciário, se limitam e se controlam mutuamente. Eles devem funcionar "juntos" e podem ter a mesma origem, por exemplo o povo soberano (portanto sua "separação", expressão que, aliás, não se encontra em Montesquieu, não é absoluta). Mas ao mesmo tempo devem permanecer distintos e independentes uns dos outros, a fim de evitar que qualquer indivíduo ou qualquer grupo – ainda que este fosse o próprio povo – possa exercer a tirania. "Tudo estaria perdido se o mesmo homem ou o mesmo corpo exercessem esses três poderes: o de fazer leis, o de executar as resoluções públicas e o de julgar os crimes ou os desacordos entre particulares." O poder já não deteria o poder; os abusos seriam inevitáveis; a liberdade estaria acabada.

Tocqueville (1805-1859) prolonga essa corrente liberal. A razão individual, constata ele na América, prevaleceu sobre o princípio de autoridade; a igualdade de condições, sobre o princípio aristocrático; o individualismo e a inveja, sobre a virtude ou a honra. Com isso, o perigo é menos o de um retorno às monarquias absolutas do que o de uma "tirania da maioria": esta se exerceria por "um poder imenso e tutelar", ao mesmo tempo "absoluto, detalhado, regular, previdente e brando" (é o que se chama hoje de Estado-providência), e seria reforçada, em vez de limitada, pela opinião pública, em outras palavras pela "pressão imensa do espírito de todos sobre a inteligência de cada um" (como o confirmam o peso, em nossos dias, das sonda-

DOMÍNIOS E CORRENTES

gens de opinião, da mídia e dos índices de audiência). A democracia, nesse caso, não passaria de uma "espécie de servidão, regulada, branda e plácida". Isso é melhor do que a escravidão ou a barbárie. Mas ainda é a liberdade?

O contrário do liberalismo político é o estatismo ou o totalitarismo – ainda que fossem exercidos, como já se viu, com o assentimento da maioria. O sufrágio universal, por mais necessário que seja, não é uma garantia. Cabe aos indivíduos resistir, se puderem.

Esse liberalismo é mais lúcido do que entusiasmado. Assim, durante muito tempo foi desprezado ou criticado, tanto à direita, em nome dos interesses superiores de Deus, da Nação ou do Estado, quanto à esquerda, em nome do Povo, do Proletariado ou da Revolução. Isso, levado ao extremo, desembocará nos dois totalitarismos do século XX, o fascismo e o comunismo. A derrota daquele e o fracasso deste deixam hoje o liberalismo político (ao contrário do que acontece em economia) quase sem adversários declarados. Alain prevaleceu contra Maurras, Aron contra Sartre, Popper contra Platão, Hegel ou Marx[45]. Tanto melhor. Mas isso não garante que o liberalismo possa vencer os perigos dos quais se alimenta, e que são os do individualismo, do conformismo e do tédio.

Sobretudo, isso não é suficiente para pensar a política em si, em sua origem, em seu princípio ou, como no caso da moral, em seu fundamento. Como todo Estado supõe que os indivíduos renunciem à sua liberdade natural (a de fazer o que se quer, como se quer, quando se quer), o que

---

45. São efetivamente esses os adversários que K. Popper se dá em seu grande livro de filosofia política: *La société ouverte et ses ennemis*, 1962; trad. fr., Seuil, 1979.

A FILOSOFIA

pode justificar uma tal renúncia? Foi essa a questão que Rousseau (1712-1778) apresentou com um vigor sem igual:

> O homem nasceu livre, e por toda parte está acorrentado. Tal se crê o senhor dos outros, que não deixa de ser mais escravo do que eles. Como se fez essa mudança? Ignoro-o. O que pode torná-la legítima? Creio poder resolver essa questão.[46]

Ele a resolve, como muitos outros antes e depois dele, pela teoria do contrato social. De que se trata? De uma espécie de ficção ou de experiência de pensamento. Imagina-se uma situação original, como dirá Rawls, desprovida de todo Estado: é o que comumente se denomina estado de natureza. Tenta-se pensá-lo (por exemplo, como estado de guerra, em Hobbes, de interdependência e de medo mútuo, em Espinosa, ou ainda de dispersão, em Rousseau) e deduzir as modalidades de saída dele (a passagem ao estado civil). Isso supõe que os indivíduos, de comum acordo, decidam submeter-se a uma mesma lei: pelo que a democracia é o primeiro dos regimes (Hobbes), o mais natural (Espinosa) e "supõe pelo menos uma vez a unanimidade" (Rousseau). Não é impossível que um povo se dê um rei. Mas é preciso que esse povo exista: "Antes, portanto, de examinar o ato pelo qual um povo elege um rei", escreve Rousseau, "seria bom examinar o ato pelo qual um povo é um povo. Pois esse ato, sendo necessariamente anterior ao outro, é o verdadeiro fundamento da sociedade." Daí o contrato social, que institui o povo e, ao mesmo tempo, a soberania: por exemplo, porque os indivíduos contratantes

---

46. *Contrato social*, I, 1.

se submetem, para escapar à guerra de cada um contra cada um, a um terceiro que não contrata (Hobbes), ou porque se submetem individualmente, para vencer um perigo ou evitar a morte, à comunidade que naquele momento constituem coletivamente (Rousseau) ou que se impõe a eles (Espinosa). Isso supõe que cada um renuncie ao seu direito natural (ou o submeta, diria Espinosa, às leis da Cidade). É a passagem decisiva: a da liberdade natural (fazer o que eu quero e posso) à liberdade civil (fazer o que eu quero e que a lei não proíbe), sendo esta quase sempre muito mais vasta, na verdade, do que aquela. Também aqui, Rousseau o diz melhor do que ninguém. Pelo contrato social, "cada um, unindo-se a todos, obedece contudo apenas a si mesmo e permanece tão livre quanto anteriormente", ou melhor, torna-se bem mais livre:

> O que o homem perde pelo contrato social é sua liberdade natural e um direito ilimitado a tudo o que o tenta e que ele pode alcançar; o que ele ganha é a liberdade civil e a propriedade de tudo o que ele possui. Para não se enganar nessas compensações, cumpre distinguir bem a liberdade natural, que só tem por limites as forças do indivíduo, da liberdade civil, que é limitada pela vontade geral, e a posse, que não é senão o efeito da força ou o direito do primeiro ocupante, da propriedade, que só pode ser fundamentada num título positivo.
>
> Em relação ao que foi dito acima, poder-se-ia acrescentar, à aquisição do estado civil, a liberdade moral, a única a tornar o homem verdadeiramente senhor de si; pois a simples impulsão do apetite é escravidão, e a obediência à lei que a pessoa prescreveu a si mesma é liberdade.[47]

---

47. *Ibid.*, I, 8.

A FILOSOFIA

Por mais datada que seja, essa problemática do contrato social continua – passando por Kant – até nós. Seria apenas uma ficção? Seus teóricos, salvo exceção, não o ignoram. Mas essa ficção nos esclarece e nos guia: é uma hipótese reguladora. No fim do século XX, Rawls a prolonga, reatualizando-a. Ele imagina uma "posição original", puramente hipotética, na qual nenhum indivíduo conhece o lugar que ocupa na sociedade nem seus dons naturais, sejam estes físicos ou intelectuais, nem mesmo suas opiniões ou suas tendências psicológicas. É através desse "véu de ignorância" que, segundo se supõe, os indivíduos determinarão os princípios de uma sociedade justa. Ora, nessa posição original, os indivíduos concordariam, explica Rawls, quanto a dois princípios fundamentais e complementares: o primeiro exige igualdade na atribuição dos direitos e dos deveres, ou seja, um igual direito à maior liberdade possível (o que supõe que ela seja compatível com uma liberdade igual para os outros); o segundo estabelece que desigualdades socioeconômicas, por exemplo de riqueza ou de poder, só são justas se produzirem vantagens para cada um, em particular para os membros mais desfavorecidos da sociedade, e se estiverem vinculadas a posições e a funções abertas a todos[48]. Viu-se aí uma justificação filosófica da corrente "liberal" (a esquerda americana) ou da socialdemocracia. Mas, mesmo à direita, muitos se reconheceriam nisso. Quem não aspira, em nossas democracias, à liberdade e ao mesmo tempo à eqüidade?

É onde a filosofia vai ao encontro da política. Todo Estado, por definição, é constrangedor. Mas ele só vale sob a

---

48. J. Rawls, *Théorie de la justice*, 1971; trad. fr., 1987 (ver especialmente as seções I, 3, e II, 11) [trad. bras. *Uma teoria da justiça*, São Paulo, Martins Fontes, 2ª ed., 2002.]. É o livro de filosofia política mais comentado do século XX.

condição de limitar a liberdade dos indivíduos apenas para preservá-la ou aumentá-la. O Estado, se for democrático e funcionar bem, não é inimigo da liberdade; é a condição desta e seu escudo. Espinosa foi um dos primeiros a saber dizer isso convenientemente:

> O fim último do Estado não é a dominação; não é para reter o homem pelo temor e fazê-lo pertencer a outro que o Estado é instituído; ao contrário, é para libertar o indivíduo do temor, para que ele viva tanto quanto possível em segurança, isto é, conserve ao máximo seu direito natural de existir e de agir. (...) Na realidade, portanto, o fim do Estado é a liberdade.[49]

Convém entender a palavra "fim" em seus dois sentidos: como objetivo e como limite. Somente os Estados totalitários pretendem reinar sobre tudo. Uma democracia só é liberal se reconhecer seus próprios limites, que são os da liberdade do espírito (não se decide sobre o verdadeiro e o falso por votação), da consciência (não se decide sobre o bem e o mal por votação) e dos direitos do homem. "A soberania só existe de maneira limitada e relativa", escrevia Benjamin Constant (1767-1830); "há objetos sobre os quais o legislador não tem o direito de fazer uma lei". Quais? Cabe ao povo decidir, pela constituição que ele se dá – e aos indivíduos resistir, se o Estado pretender estender-se sobre o que eles consideram seus direitos inalienáveis. Essa dupla limitação da soberania é essencial à democracia: a soberania do povo é somente um meio; a justiça e a liberdade dos indivíduos são os objetivos. Resta tornar

---

49. *Traité théologique-politique*, cap. XX, trad. fr. C. Appuhn, GF, p. 329.

A FILOSOFIA

compatíveis liberdade e justiça, articulá-las uma à outra, hierarquizá-las, quando necessário, enfim aproximar-se das duas o mais possível. Como? Cabe aos partidos responder e ao sufrágio universal decidir. Mas nada garante que a maioria, seja ela qual for, tenha razão, nem que o caminho mais justo, em teoria, seja sempre, na prática, o mais eficaz. Pelo que o espírito permanece livre, mesmo diante do povo soberano.

5. FILOSOFIA DA ARTE

Com freqüência, os filósofos mantiveram com a arte uma relação difícil. É que eles viam na obra-de-arte somente a imitação, necessariamente imperfeita, de uma aparência ela mesma enganosa (é uma crítica que encontramos sobretudo nos antigos, especialmente em Platão), ou a expressão, quase sempre mentirosa, de uma subjetividade ilusória e limitada (o que explica o fato de os filósofos clássicos se ocuparem pouco dela: eles se interessam mais pelas ciências ou pela sabedoria). De uma imitação da natureza ou das paixões humanas, como se poderia esperar outra coisa além de prazeres superficiais ou suspeitos? Desse modo, Platão expulsa o poeta da Cidade ideal, assim como Epicuro se desinteressa dele (felizmente haverá Lucrécio para lhe tirar a razão!), assim como os modernos alinharão as artes do lado dos divertimentos agradáveis (Espinosa) ou vãos (Pascal). "Que futilidade é a pintura", escreve por exemplo este último, "que atrai a admiração pela semelhança de coisas cujos originais não são em absoluto admirados!" Era passar ao lado do essencial, que é menos a imitação (*mímesis*) do que

DOMÍNIOS E CORRENTES

a criação (*poíesis*), menos o original do que a originalidade, menos a semelhança (que quase não exerce nenhum papel em música ou em arquitetura) do que o prazer e a emoção.

O que é o belo? Uma emanação do Bem (Platão, Plotino)? Seu símbolo (Kant)? O rastro de Deus (Santo Agostinho, Simone Weil)? Uma harmonia (Leibniz, Diderot)? Um prazer do corpo (Epicuro)? Dos sentidos (Hume)? Da alma (Montesquieu)? A manifestação sensível do verdadeiro (Boileau e os clássicos: "Nada é belo senão o verdadeiro, só o verdadeiro é amável")? A unidade entre a idéia e a aparência individual (Hegel)? A expressão da vontade de viver (Schopenhauer) ou da vontade de poder (Nietzsche)? O acionamento da verdade do ente (Heidegger)? Nem todas essas respostas são incompatíveis. Consideremos, para sermos sucintos, a de Kant. É belo, explica ele, aquilo que é objeto de uma satisfação ao mesmo tempo necessária e desinteressada, que manifesta uma finalidade sem a representação de um fim, e que agrada universalmente e sem conceito. Assim, pode-se *discutir* sobre o gosto (aspirar ao assentimento necessário de outrem) mas não *disputar* quanto a ele (decidir mediante provas). A universalidade do belo, efetivamente sempre *discutível*, é a das faculdades humanas, em seu livre jogo, e não a de uma objetividade exterior ou transcendente. Existe belo na natureza, mas esse belo só o é para a humanidade. Quanto à beleza das obras-de-arte, ela também concerne à natureza, pelo gênio, não porque este último imitaria a natureza, como o queriam os antigos e os clássicos, mas porque se dá a imitar:

> O gênio é um dom natural: é a disposição inata do espírito, pela qual a natureza dá suas regras à arte. (...) Por aí vê-se que o gênio:

A FILOSOFIA

1. é um talento, que consiste em produzir aquilo sobre o qual não se pode dar nenhuma regra determinada; não se trata de uma aptidão para aquilo que pode ser aprendido segundo uma regra qualquer; segue-se que a *originalidade* deve ser sua primeira propriedade;
2. que como o absurdo também pode ser original, seus produtos devem ao mesmo tempo ser modelos, isto é, *exemplares*, e por conseguinte que, sem terem sido eles mesmos engendrados pela imitação, devem ainda assim servir aos outros de medida ou de regra do julgamento.[50]

Essa teoria do gênio poderá parecer exageradamente romântica: ela privilegia a natureza e reduz a importância dos estudos, do trabalho, do *ofício*. Mas diz algo de importante, a saber, que a arte, em seus maiores sucessos, não pode nascer da imitação (só os aprendizes copiam), e sim, ao contrário, dá-se a imitar ("é nos museus que se aprende a pintar", dirá Malraux), oferecendo-se assim como modelo e como norma. Portanto uma obra-prima deve ser ao mesmo tempo *original* (não oriunda da imitação) e *exemplar* (merecedora de ser imitada ou meditada). Daí sua importância histórica e normativa: a exceção, em arte, *é* a regra. É o que permite a cada um aspirar ao gênio, sobretudo quando a arte renunciou a agradar (é mais fácil ser original, pelo menos num primeiro momento, quando a pessoa se autoriza a qualquer coisa), e que torna os verdadeiros gênios ainda mais necessários: porque somente eles sabem elevar sua singularidade ao universal, dar a fruir tanto quanto a admirar, enfim, transmutar seu trabalho em emoção, para os outros, e sua originalidade em evidência. Outros

---

50. *Crítica da faculdade de julgar*, § 46.

DOMÍNIOS E CORRENTES

preferirão assinar seus grafitos. Ao público, em todos os casos, cabe julgar. Tem-se os artistas que se merece ter.

Hegel viu com clareza, também ele, que a imitação não era essencial à arte. Do contrário, escreve, só haveria "um jogo presunçoso, cujos resultados permanecem sempre inferiores àquilo que a natureza nos oferece". Os paisagistas sabem disso muito bem. Os pintores abstratos, se forem lúcidos, não o ignoram. A verdadeira função da arte é antes a de "informar o homem sobre o humano", tornando acessível aos sentidos "a verdade que o homem abriga em seu espírito, aquilo que revolve seu peito ou agita sua alma". O que nós buscamos na arte, portanto, é de fato uma verdade, mas não aquela, anedótica, de uma imitação ou de um relato: é a verdade do espírito humano, em sua relação com o mundo, com o absoluto e consigo mesmo. Por isso é que existe uma história da arte (já que o espírito é história). Hegel, em sua *Estética*, traça desta o grandioso afresco (e, é claro, ternário: primeiro a *arte simbólica*, que se impõe na arquitetura e entre os egípcios; depois a *arte clássica*, que triunfa na escultura e entre os gregos; por fim, a *arte romântica*, que culmina na pintura e entre os cristãos, sendo que cada um desses estágios expressa, de maneira cada vez mais interior, a unidade entre a significação e a forma). Mas Hegel também mostra os limites dela:

> Na hierarquia dos meios que servem para exprimir o absoluto, a religião e a cultura oriunda da razão ocupam o grau mais elevado, bem superior à arte. Portanto a obra-de-arte é incapaz de satisfazer nossa necessidade última de absoluto. Não a veneramos mais. (...) Nós respeitamos a arte, nós a admiramos; mas já não vemos nela algo que não pode ser ultrapassado, a manifestação íntima do absoluto, nós a

109

A FILOSOFIA

submetemos à análise do nosso pensamento. (...) As condições gerais do tempo presente não são muito favoráveis à arte. (...) Quanto à sua suprema destinação, a arte permanece para nós como uma coisa do passado. Ela perdeu tudo o que possuía de autenticamente verdadeiro e vivo.[51]

Acontece-me, nos museus, de dar razão a Hegel. Mas nada me agrada tanto quanto os artistas que demonstram que ele está errado.

6. FILOSOFIA E CIÊNCIAS HUMANAS
(*"O QUE É O HOMEM?"*)

O homem, digam o que disserem alguns, não é uma invenção recente. A questão "O que é o homem?" atravessa toda a filosofia antiga, desde o "Conhece-te a ti mesmo" socrático até o que de fato convém denominar o humanismo estóico (Sêneca: "O homem é uma coisa sagrada para o homem") ou ciceroniano ("Um ser humano, pelo simples fato de sê-lo, não deve ser encarado como um estrangeiro por outro ser humano"), sem esquecer o famoso "o homem é a medida de todas as coisas" de Protágoras nem a bela interrogação de Platão, no *Teeteto*: "O que pode afinal ser isto, um homem? E o que uma tal natureza deve fazer ou suportar, que a distinga dos outros seres? Eis o que busca o filósofo, eis o que este tanto se afadiga para explorar cuidadosamente." Os tempos modernos (por exemplo, em Montaigne, Pascal, Hume ou Kant) fizeram

---

51. *Esthétique*, Introdução, I, 1 (trad. fr. S. Jankélévitch, Flammarion, "Champs", 1979, pp. 33-4).

dele um dos objetos essenciais – ou mesmo o objeto principal – da filosofia. O acontecimento recente, nesse âmbito, seria antes a emergência, nos séculos XIX e XX, de uma nova maneira de tratar do homem – não mais pela filosofia mas pelas ciências humanas. Isso não se fez num dia. A história, como estudo dos acontecimentos passados, é tão antiga, ou quase, quanto a filosofia (Heródoto era contemporâneo de Empédocles, e Tucídides, de Sócrates). Sob vários aspectos, Ibn Khaldun, Maquiavel, Vico, Montesquieu ou Tocqueville são os precursores dos nossos sociólogos ou politicólogos; e Pascal, Nietzsche ou Schopenhauer não esperaram o nascimento da psicologia para nos ensinar muito sobre nosso funcionamento interior. Nem por isso, contudo, é menos considerável a diferença entre a abordagem filosófica e a abordagem científica. Quando Hume escreve, em seu *Tratado sobre a natureza humana*, que em filosofia não há questão importante "cuja solução não esteja compreendida na ciência do homem, e não há nenhuma que possa se resolver com alguma certeza enquanto não conhecermos essa ciência", ele tem o sentimento de desencadear uma revolução filosófica, e não o de sair da filosofia para inventar uma nova ciência. Em Marx, Saussure, Ribot, Durkheim, Freud ou Mauss, dá-se o inverso: sua vontade de cientificidade é indissociável de uma certa renúncia, pelo menos parcial, à filosofia. Isso continua até nós. "Como todas as ciências", escreve, por exemplo, Pierre Bourdieu, "a sociologia se constituiu contra a ambição total que é a da filosofia"; se lhe acontece "roubar à filosofia alguns de seus problemas"[52], é para tratar deles de

---

52. P. Bourdieu, *Questions de sociologie*, Éd. de Minuit, 1980, pp. 49-50.

A FILOSOFIA

modo totalmente diferente. É o que Althusser, retomando uma expressão de Bachelard, chamava de "corte epistemológico". A sociologia só se constitui rompendo com a filosofia social; a lingüística, rompendo com a filosofia da linguagem; a psicologia ou a psicanálise, rompendo com o *cogito* e a filosofia do sujeito. A filosofia tem mais a ganhar com isso do que a perder. Seu campo, longe de restringir-se proporcionalmente, como crêem os positivistas, estende-se ou se aprofunda. As ciências humanas não relegam a filosofia ao silêncio, muito pelo contrário! Elas lhe oferecem novos conhecimentos, novos materiais, novos problemas. Isso nunca é excessivo. "A filosofia não é um saber a mais", dizia eu na introdução, "é uma reflexão sobre os saberes disponíveis." Quanto mais aprendemos sobre o homem, mais há matéria para filosofar.

O que é questionado pelos progressos das ciências humanas não é a filosofia, é o homem, seja ele considerado como sujeito ou como essência. Marx, já em sua sexta Tese sobre Feuerbach, dissera o essencial: "A essência humana não é uma abstração inerente ao indivíduo singular. Em sua realidade, ela é o conjunto das relações sociais." É explicar o homem por outra coisa que não ele mesmo, ou seja, explicá-lo. Isso modifica nossa relação com nós mesmos, num sentido que Freud considerava pouco gratificante: assim como Copérnico nos expulsou do centro do universo (é a humilhação cosmológica), ou como Darwin nos reintegrou ao mundo animal (é a humilhação biológica), a psicanálise nos ensina, escreve Freud, que "o eu não é senhor em sua própria casa" (é a humilhação psicológica[53]). É colocar o

---

53. Freud, "Une difficulté de la psychanalyse", *Essais de psychanalyse appliquée*, trad. fr., Gallimard, "Idées", 1980, pp. 141-7.

DOMÍNIOS E CORRENTES

homem em seu lugar, que não é o de um princípio, mas de um efeito, não o de uma essência, mas de uma história.

Não existem apenas as ciências humanas. A humanidade faz parte da natureza. A biologia (especialmente a neurobiologia) progrediu muito desde Darwin e nos ensina, sobre o que somos, pelo menos tanto quanto a sociologia ou a lingüística. É o que Claude Lévi-Strauss expressou intensamente. Mesmo invocando Rousseau, em quem vê um precursor das ciências do homem, mesmo sublinhando, o que é o menos importante, aquilo que há de insubstituível na abordagem etnológica, ele também mostra que não se pode parar aí:

> O objetivo último das ciências humanas não é o de constituir o homem, mas o de dissolvê-lo. O valor eminente da etnologia é o de corresponder à primeira etapa de uma caminhada que comporta outras: para além da diversidade das sociedades humanas, a análise etnográfica quer alcançar invariantes. (...) Rousseau pressentira isso, com sua habitual clarividência: "Quando se quer estudar os homens, é preciso olhar junto de si; mas, para estudar o homem, é preciso aprender a enxergar longe; é preciso primeiro observar as diferenças para descobrir as propriedades." Contudo, não seria suficiente reabsorver humanidades particulares numa humanidade geral; esse primeiro empreendimento desencadeia outros, que Rousseau não admitiria tão de bom grado e que cabem às ciências exatas e naturais: reintegrar a cultura na natureza, e finalmente a vida no conjunto de suas condições físico-químicas.[54]

---

54. C. Lévi-Strauss, *La pensée sauvage*, IX, Plon, 1962, pp. 326-7. Sobre Rousseau, ver também *Anthropologie structurale*, II, cap. 1 ("Jean-Jacques Rousseau, fondateur des sciences de l'homme"), Plon, 1973, pp. 45-56.

A FILOSOFIA

Na medida em que é materialista ou naturalista, esse programa excede as ciências humanas. É onde reencontramos a filosofia. Alguns tentarão, com Husserl ou Sartre, salvar a "transcendência" do ser humano, isto é, no fundo, sua liberdade metafísica ou absoluta (o livre-arbítrio). Outros preferirão, com Althusser ou Bourdieu, apoiar-se nas ciências humanas e nas necessidades que elas revelam, para iniciar um processo de libertação, tanto intelectual quanto ética ou política. "A sociologia liberta", dizia Bourdieu, "libertando da ilusão da liberdade."[55] Poderíamos dizer o mesmo quanto à psicanálise. É reatar com o espírito de Espinosa: o homem não é "um império dentro de um império" (ele faz parte da natureza, faz parte da sociedade), e engana-se na medida em que se acredita livre. Por que a vontade, nele, escaparia ao princípio de causalidade? O livre-arbítrio não passa de uma ilusão, que nos limita. Somente o conhecimento da necessidade é libertador: é entendendo que não se é livre que se tem uma chance de vir a sê-lo, pelo menos em parte.

Compreende-se que tenha sido possível falar, a propósito das ciências humanas, de anti-humanismo teórico. Não é que elas sejam contra o homem (como ciências, elas não são nem pró nem contra), ou nem mesmo contra o humanismo. É que elas trabalham sob um ponto de vista totalmente diferente. Não se trata de "acreditar no homem", mas de conhecê-lo; e só se pode conhecê-lo cientificamente sob a condição de deixar de acreditar nele (como numa essência eterna, num princípio ou num sujeito absolutamente livre). As ciências humanas não são mais humanis-

---

55. P. Bourdieu, *Choses dites*, Éd. de Minuit, 1987, pp. 25-6.

tas, nesse sentido, do que as ciências da Terra são geocêntricas ou do que a biologia é vitalista. Pelo contrário: assim como foi deixando de fazer da vida um absoluto que se pôde visar a conhecê-la cientificamente, é deixando de fazer do "Homem" um absoluto que se pode começar a conhecer os humanos de outro modo que não por introspecção ou projeção. Isso não bastará para respeitá-los, e muito menos para amá-los. É onde reencontramos um outro humanismo, bem mais antigo do que as ciências humanas e que elas deixam intacto: um humanismo já não teórico mas prático, já não especulativo mas moral. Trata-se de "fazer bem o homem", como dizia Montaigne. Nenhuma ciência é suficiente para isso nem o dispensa. Não contemos com as ciências humanas para serem humanistas em nosso lugar.

O que é o homem? "Sabemos todos", responde Edgar Morin, "que somos animais da classe dos mamíferos, da ordem dos primatas, da família dos hominídeos, do gênero *homo*, da espécie *sapiens*." Qual é nossa diferença específica? A política (Aristóteles)? A razão (os estóicos)? O riso (Rabelais)? A liberdade (Rousseau)? O trabalho (Marx)? Ainda assim, isso só vale para a espécie, não para o indivíduo. Biologicamente, um ser humano é um ser nascido de um homem e de uma mulher – mesmo que esta ou aquela patologia o privasse de razão ou de liberdade, impedisse-o de trabalhar, de fazer política ou de rir. Filosoficamente, um ser humano é um ser que tem de tornar-se humano, tanto quanto possa. Há muito o que fazer. *Homo sapiens* é uma espécie animal; a humanidade, uma criação cultural. O que é o homem?

A FILOSOFIA

É um ser de uma afetividade intensa e instável, que sorri, ri, chora, um ser ansioso e angustiado, um ser fruidor, ébrio, extasiado, violento, amante, um ser invadido pelo imaginário, um ser que sabe a morte e não pode acreditar nela, um ser que secreta o mito e a magia, um ser possuído pelos espíritos e pelos deuses, um ser que se alimenta de ilusões e de quimeras, um ser subjetivo cujas relações com o mundo objetivo são sempre incertas, um ser submetido ao erro, à errância, um ser úbrico que produz desordem. E, como chamamos de loucura a conjunção da ilusão, da desmesura, da instabilidade, da incerteza entre real e imaginário, da confusão entre subjetivo e objetivo, do erro, da desordem, somos obrigados a ver que *homo sapiens* é *homo demens*.[56]

Alguém dirá que a verdadeira loucura permanece, contudo, como exceção. Sem dúvida. Mas a verdadeira sabedoria também. Ela nunca é dada, mas sempre a conquistar. Esse é outro assunto, sobre o qual é hora de concluir.

---

56. E. Morin, *Le paradigme perdu. La nature humaine*, Seuil, 1973; reed. "Points-Essais", 1979, pp. 123-4.

Conclusão

Filosofia e sabedoria

Por que filosofar? A palavra parece responder por si mesma: para a sabedoria (*sophía*), da qual a filosofia é o amor (*philein*, "amar") ou a busca. Mas nada prova que a etimologia tenha razão. Por que uma palavra diria tudo?

Eu dou mais peso à tradição, quando ela é filosófica. No caso, é impressionante. Que a sabedoria é o alvo da filosofia, isso é o que a maior parte dos filósofos, durante vinte e cinco séculos (com a única exceção, porém, de algumas décadas do século XX), não pararam de repetir, desde os pré-socráticos até Alain ou Éric Weil – passando, embora não possamos citá-los todos, por Platão ou Aristóteles, Descartes ou Espinosa, Voltaire ou Kant, Schopenhauer ou Nietzsche[57]. Alguns sustentaram, no último período, que

---

57. Seria preciso acrescentar Russell e Wittgenstein, que quase não empregam a *palavra* "sabedoria", mas indicaram claramente que o objetivo da filosofia era uma certa "libertação" e uma certa "pacificação" do espírito, chegando a desembocar, em Russell, numa "união com o universo". Ver, por exemplo, o último capítulo dos *Problemas de filosofia* de Russell ("O valor da filosofia") e as observações de G.-G. Granger sobre o que ele denomina "sabedoria" de Wittgenstein: *Wittgenstein*, Seghers, 1969, pp. 5-8 e 85-90. Ver também as observações de P. Hadot sobre a "sabedoria silenciosa" de Wittgenstein, *Exercices spirituels et philosophie antique*, Albin Michel, 2002, pp. 377-8 e 384-5; *La philosophie comme manière de vivre*, Albin Michel, 2001, pp. 209-13.

A FILOSOFIA

isso já não era verdade. Mas, se eles transformam a coisa a tal ponto, por que conservam a palavra?

O inventor do termo seria Pitágoras, que se dizia *philósophos*, por modéstia, para não aspirar ao título de *sophos*, isto é, de douto ou de sábio. Em francês, essas duas últimas palavras* serão intercambiáveis durante muito tempo. A sabedoria não é um saber? É o que ainda se lê em Descartes: "Essa palavra *filosofia* significa o estudo da sabedoria, e por sabedoria não se entende apenas a prudência nos negócios mas um perfeito conhecimento de todas as coisas que o homem pode saber, tanto para a condução de sua vida quanto para a conservação de sua saúde e a invenção de todas as artes."[58] Mas toda ciência é impessoal, o que a sabedoria nunca é. Mas toda sabedoria é encarnada, com o que as ciências nada têm a fazer. Aqui, Montaigne, Kant ou Husserl são mais esclarecedores do que Aristóteles ou Descartes. Lembremo-nos da frase do primeiro: "Conquanto possamos ser doutos no saber de outrem, sábios, de todo modo, nós só podemos ser em nossa própria sabedoria." Husserl concordaria: "A filosofia – a sabedoria – é de certa forma um assunto pessoal do filósofo. Ela deve constituir-se enquanto *sua*, ser *sua* sabedoria, *seu* saber, que, embora tenda para o universal, seja adquirido por ele e que ele deve poder justificar desde a origem e em cada etapa, apoiando-se em suas intuições absolutas."[59] A filosofia é um trabalho, mas que ninguém pode fazer em nosso lugar – e que ninguém, mesmo por sua própria conta, pode concluir. Kant insiste muito parti-

---

* Ou seja, "douto" (*savant*) e "sábio" (*sage*). (N. da T.)

58. *Princípios da filosofia*, Carta-prefácio.

59. Husserl, *Meditações cartesianas*, Introdução, 1.

culammente nisso. A filosofia é "a doutrina e o exercício da sabedoria (e não simples ciência)", escreve ele. Como poderia alguém *exercitar-se* por nós? Como poderíamos não mais necessitar fazê-lo? Por isso é preciso filosofar: "O homem não está na posse da sabedoria. Ele apenas se inclina para ela e pode apenas ter amor por ela, o que já é bastante meritório. (...) A filosofia é para o homem *esforço em direção à sabedoria,* o qual está sempre inconcluso."[60] A sabedoria é o alvo; a filosofia, o caminho. Mas a sabedoria já está, pelo menos em parte, no caminho que conduz até lá. Se fôssemos sábios, não mais precisaríamos filosofar. Mas, se fôssemos completamente loucos ou completamente ignorantes, não poderíamos fazê-lo.

Há sabedoria e sabedoria. Os antigos distinguiam uma sabedoria prática (*phrónesis, prudentia*), que é menos o alvo da filosofia do que sua condição, e uma sabedoria *teorética,* como diz Aristóteles, isto é, contemplativa, intelectual ou espiritual (*sophía, sapientia*), que os filósofos buscam e que às vezes lhes acontece quase experimentar. Convém evitar opor demasiadamente uma à outra (a verdadeira sabedoria seria a conjunção das duas), mas também não se deve confundi-las totalmente. Não é preciso fazer filosofia para ser prudente ou sensato, nem mesmo (se a pessoa tiver um pouco de sorte e for dotada para a vida) para ser sereno ou feliz. A sabedoria, reciprocamente, mesmo supostamente alcançada, não é suficiente para as necessidades da vida cotidiana. É o que lembra a historieta bem conhecida de Tales, que contemplava o céu... e caiu dentro de um poço. A filosofia não é nem uma pana-

---

60. Kant, *Opus postumum*, trad. fr. F. Marty, PUF, 1986, pp. 245-6 e 262.

A FILOSOFIA

céia nem uma garantia. Houve grandes filósofos infelizes ou loucos (Nietzsche foi sucessivamente um e outro), e até mesmo um, e não dos menores, capaz de aderir ao partido nazista. Não é uma razão para não filosofar, mas o é para deixar de crer na filosofia como numa espécie de seguro total contra as vicissitudes da existência ou as fraquezas da humanidade. "Escarnecer da filosofia", dizia Pascal, "é verdadeiramente filosofar." Isso é mais filosófico, e mais sábio, do que a seriedade grandiloqüente de um Heidegger.

A filosofia é uma atividade, um esforço, uma procura, cujo alvo, para quase todos, é a sabedoria. É suficiente dizer que a filosofia *não é* a sabedoria mas no máximo – e no melhor dos casos – um caminho de pensamento, que a persegue ou se aproxima dela. A filosofia é um trabalho; a sabedoria seria antes um repouso. A filosofia é um certo tipo de discurso; a sabedoria, uma certa qualidade de silêncio. A filosofia é uma maneira de pensar; a sabedoria, uma maneira de viver. Como caracterizá-la? Pela tranqüilidade de alma (*ataraxía*), pela liberdade interior (*autárkeia*) e pelo sentimento de uma unidade, mas feliz, com a verdade ou com o real (o *amor fati* de Nietzsche ou dos estóicos, o *amor intellectualis* de Deus ou da Natureza em Espinosa, a "consciência cósmica" segundo Pierre Hadot[61]). Os ocidentais, nesse caminho, esqueceram com demasiada freqüência o corpo, o exercício (*áskesis*), de que os orientais – especialmente graças à ioga e às artes marciais – fazem às vezes o caminho principal. Mas todos concordam quanto ao objetivo, que é de paz, de simplicidade, de liberdade, de verdade, de unidade, de serenidade, de ale-

---

61. P. Hadot, *op. cit.*, pp. 291 e 309.

FILOSOFIA E SABEDORIA

gria... Um sábio? Seria um homem perfeitamente feliz, lúcido e livre. Isso nos deixa uma importante margem de progressão.

Pitágoras tinha razão: os filósofos não são uns sábios. Platão tinha razão: nem os sábios filosofam (não precisam disso) nem os ignorantes (não podem). Então, quem pode e deve filosofar? Somente aqueles – todos nós – que estão entre os dois[62].

"O mal mais contrário à sabedoria", escrevia Alain, "é exatamente a tolice." Isso talvez diga o essencial. Trata-se de pensar (filosofia) e de viver (sabedoria) o mais inteligentemente possível, isto é, em conformidade com a razão – *homologoúmenos*, diziam os gregos – em si e em tudo. A felicidade está no fim, talvez. Mas é a verdade que é o caminho.

---

62. *O banquete*, 204 *a-b*.

Bibliografia

Não é o caso de elaborar uma lista, que seria tão necessariamente indigesta quanto incompleta, dos livros de filosofia que merecem ser lidos: as páginas deste volume não seriam suficientes para tal. Abaixo, só se encontrarão obras que têm a filosofia não somente por conteúdo mas também por objeto principal (o que costuma ser raro: a maioria dos livros de filosofia, como vimos, trata do Todo ou do homem) – livros, poderíamos dizer, de metafilosofia (no sentido em que se fala não de metafísica mas de metalinguagem). Os que podem servir de iniciação estão marcados por um asterisco.

ALAIN, *Propos sur des philosophes**, PUF, 1962; reed. "Quadrige", 2005.

ALTHUSSER, L., *Philosophie et philosophie spontanée des savants**, Maspero, 1974.

BARREAU, H. *L'épistémologie*, PUF, "Que sais-je?", 5ª ed., 2002.

BELAVAL, Y. e PARRAIN, B. (sob a direção de), *Histoire de la philosophie*, Gallimard, "Bibliothèque de la Pléiade", 3 vols., 1969-1974; reed. "Folio", 6 vols., 1999.

BESNIER, J.-M., *Histoire de la philosophie moderne et contemporaine*, Grasset, 1993; reed. Le Livre de poche, 2 vols., 1999.

BLANCHÉ, R., *La logique et son histoire, d'Aristote à Russell*, Armand Colin, 1970.

A FILOSOFIA

BLOCH, O., *Le matérialisme*, PUF, "Que sais-je?", 1995.

BOURGEOIS, B., *La philosophie allemande classique*, PUF, "Que sais-je?", 1995.

BRÉHIER, É., *Histoire de la philosophie*, PUF, 1931; reed. "Quadrige", 3 vols., 1981.

CANTO-SPERBER, M. e OGIEN, R., *La philosophie morale*, PUF, "Que sais-je?", 2004.

CHÂTELET, F. (sob a direção de), *Histoire de la philosophie*, Hachette, 1972.

CHENG, A., *Histoire de la pensée chinoise*, Seuil, 1997; reed. "Points-Essais", 2002.

CHOURAQUI, A., *La pensée juive*, PUF, "Que sais-je?", 7ª ed., 1997.

COMTE-SPONVILLE, A., *Présentations de la philosophie**, Albin Michel, 2000; reed. Le Livre de poche, 2002. [Trad. bras. *Apresentação da filosofia*, São Paulo, Martins Fontes, 2002.]

CONCHE, M., *Quelle philosophie pour demain?*, PUF, 2003.

CORBIN, H., *Histoire de la philosophie islamique*, Gallimard, 1964.

COULOUBARITSIS, L., *Histoire de la philosophie ancienne et médiévale*, Grasset, 1998.

DAGOGNET, F., *Les grands philosophes et leur philosophie**, Les Empêcheurs de penser en rond, 2002.

DELACAMPAGNE, C., *Histoire de la philosophie au XXᵉ siècle*, Seuil, 1995; reed. "Points-Essais", 2000.

DELEUZE, G. e GUATTARI, F., *Qu'est-ce que la philosophie?*, Éditions de Minuit, 1991.

DUMONT, J.-P., *La philosophie antique*, PUF, "Que sais-je?", 10ª ed., 2003.

FERRY, L., *La naissance de l'esthétique**, Cercle d'art, 2004.

FILLIOZAT, J., *Les philosophies de l'Inde*, PUF, "Que sais-je?", 4ª ed., 1995.

FOLSCHEID, D., *Les grandes philosophies*, PUF, "Que sais-je?", 6ª ed., 1998.

GRATELOUP, L.-L. (sob a direção de), *Les philosophes de Platon à Sartre**, Hachette, 1985; reed. Le Livre de poche, 2 vols., 1996.

BIBLIOGRAFIA

GRENIER, H., *Les grandes doctrines morales*, PUF, "Que sais-je?", 2ª ed., 1994.

GUEROULT, M., *Philosophie de l'histoire de la philosophie*, Aubier-Montaigne, 1979.

HADOT, P., *Exercices spirituels et philosophie antique*, 1993; reed. Albin Michel, 2002.

HEGEL, G. W. F., *Leçons sur l'histoire de la philosophie*, trad. fr. J. Gibelin, Gallimard, 1954.

HERSCH, J., *L'étonnement philosophique. Une histoire de la philosophie**, Gallimard, "Folio-Essais", 1993.

JASPERS, K., *Introduction à la philosophie**, trad. fr. J. Hersch, Plon, 1981; reed. UGE, "10/18", 2001.

KANT, E., *Logique*, trad. fr. L. Guillermit, Vrin, 1970.

LACOSTE, J., *La philosophie de l'art*, PUF, "Que sais-je?", 8ª ed., 2004.

LECOURT, D., *La philosophie des sciences*, PUF, "Que sais-je?", 2ª ed., 2003.

LIBERA, A. de, *La philosophie médiévale*, PUF, "Premier cycle", 3ª ed., 1998.

LYOTARD, J.-F., *La phénoménologie*, PUF, "Que sais-je?", 13ª ed., 1999.

MEYER, M., *Qu'est-ce que la philosophie?**, Le Livre de poche, 1997.

REBOUL, O., *La philosophie de l'éducation*, PUF, "Que sais-je?", 9ª ed., 2004.

RENAUT, A. (sob a direção de), *Histoire de la philosophie politique*, Calmann-Lévy, 1999.

RIVELAYGUE, J., *Leçons de métaphysique allemande*, Grasset, 1990.

ROBINET, A., *La philosophie française*, PUF, "Que sais-je?", 6ª ed., 1996.

ROMEYER-DHERBEY, G., *Les sophistes*, PUF, "Que sais-je?", 5ª ed., 2002.

TALON-HUGON, C., *L'esthétique*, PUF, "Que sais-je?", 2004.

A FILOSOFIA

TROPER, M., *La philosophie du droit*, PUF, "Que sais-je?", 2003.

VERGELY, B., *Les philosophes contemporains**, Milan, "Les Essentiels", 1997.

WEIL, É., *Logique de la philosophie*, Vrin, 1950; reed. 1996.